做孩子的学习好伙伴

台湾名师给父母的
20条教养锦囊

王文华/著
水脑/插图

ZHEJIANG UNIVERSITY PRESS
浙江大学出版社

contents 目录

第二章　陪孩子一起成长

第三章 为孩子的语文力加油

附录

作者序 教养不用太辛苦

我是个小学老师，教书教了二十几年。

曾经教过的孩子形形色色：有的孩子反应快；有的孩子体能佳；有的孩子靠着天生聪明，无往不利；有的孩子因为后天的努力，最后走出自己的一片天地。

当然，也有很多孩子明明资质都很棒，却因为某些因素，惨遭人生的滑铁卢；也有些孩子其实各方面条件都具备了，却只差那么一步，他们的人生因此转了弯，想再修正回来得花好大的力气。

没错，就差那么一步，结局大不相同。

我想过，如果家长多注意这么一点点，多教养那么一下下，孩子的学习不必那么吃力。

小时习惯、态度教得好，长大没烦恼。

常听人家说要赢在起跑点上，并不是要小朋友从小去上双语托管班、双语幼儿园，真正的意思其实是——如果孩子能在开始学习时，把该有的态度、习惯给养成，往后的学习自然事半功倍，否则……

或许我们会这样想：孩子们好逸恶劳，他们喜欢下课讨厌上课，他们期待假日不爱上学，他们不想写功课，如果可以选择的话，他们宁可饱食终日，懒散地看电视、玩电脑。

实情却不是这样的，我问过大多数的孩子，他们都表示，假期再长，可是放假的愉悦往往只能维持一两天，接下来，他们就开始期待着开学日的到来。

为什么？

“因为漫长的假期很无聊。”孩子说。

他们爱看电视，那是因为没有别的事情好做，看电视也很无聊，小朋友会讲得比你更大声。如果可以打球、骑脚踏车、放风筝，没有小孩愿意整天窝在沙发里守着遥控器。

我也曾经试过在上课时播放电影，再好看的动画片，多数孩子在第一节课会显示出快乐的表情，一节课后，多半的孩子都会问你：“老师，可以下课了吗？可以出去玩了吗？”

谁说孩子爱看电视的？

小朋友也讨厌写千篇一律的功课，像是一个词抄写一行之类的。

对，实情超出我们的想像。

多数的小孩都很好奇，世界这么大，他们才在自己的社区生活一阵子，还有好多好多地方没去过，所以孩子喜欢户外教学；他们愿意花时间去拆解一个机器，虽然他们还不会组装回去，但是谁知道呢？或许下一个爱迪生就在你家里。

多数的小孩也都有耐性，如果你提供的动机够高，如果你给予的挑战够难（当然也不能太难，最好能比他们目前拥有的能力再高一些），他们会耐着性子做一件事——前提是，那必须是他有兴趣的事；而如何找到让孩子有兴趣的事、愿意花时间去挑战的项目，我深深觉得，那是老师或家长的责任。

我曾经带过一班男生，他们只爱打篮球，暑假时天气好热，他们愿意天天到校来练球，一天练三次，每次一个小时。有些孩子回家还会再夜练，灯光昏暗，他们却完全不在乎。

为什么？只因为有兴趣。

那年，我们打到全乡冠军决赛，最后当我们壮烈地被淘汰时，那些平时不轻易落泪的小男生，哭得让天地也为之动容。

我也曾经办过一次作家有约，邀来名作家可白女士。当天晚上，我们每户人家都要出一道菜，二年级小女生做出生平第一次的煎饼来，经可白女士一夸，小女孩从此认定自己有厨师的天分，周末假日总在厨房里大显身手，目前已经学会许多道好吃的甜点，谁说孩子不爱做家事的呢？

这种感觉，其实我小时候也曾经有过。

小时候，我会抱着一本喜爱的书，读它读到废寝忘食也不厌倦，爸爸妈妈催我去睡觉，我还会偷偷藏着一支手电筒到被窝里，无论如何也要把书读完为止。

我也曾为了买一样自己喜欢的东西，捡破铜烂铁去换钱，每天存呀存呀，却在存满那天，听到同学爸爸生病，没钱看病，眉头不皱一下，就把钱捐了出去。真的，重点不在结果，而在存钱的过程。

平时恨不得天天放假，可是老师找我假日回学校做海报，我高兴到前一晚就睡不着，隔天一大早，自己带着水桶、画具兴冲冲去“共赴班难”，和几个同学一起做出超大海报。

更不必提在社团时，苦练一段体操、舞蹈；参加辩论比赛，每天喃喃自语；为了赢过同学，每一次小考都会努力到三更半夜。

回想自己的童年，再来对照今天的孩子，当年的你有没有想过有一天，换成我们自己当家长、做老师，一定要怎样怎样？

小时候，觉得爸爸不了解我，我想乘风破浪勇闯天涯，爸爸怎么连辆脚踏车都舍不得买给我？

所以我小时的志愿就是，如果有一天自己当了爸爸，孩子要什么东西，只要是合理的范围，我一定会买给他。

如果我当了爸爸，孩子有意见，我会让他说清楚。

我会说故事给孩子听，不管我工作有多累，明天还有多少会要开。

然而，时光飞逝，魔女的魔杖一点，叮咚，我真的长大变成了家长，还为人师表，曾几何时，开始也把这些话琅琅上口了：

“这个不行。”

“那个不准。”

假日呢，“我好累，让爸爸多睡一下。”

在孩子的眼中，我们成了怎样的爸妈？

读到这里，有没有双手微颤，而且汗水直流？

如果没有，恭喜你，你真是孩子心目中最棒的爸妈，能站在孩子的角度想，提供他们超棒的黄金童年，相信你们家的亲子关系绝佳，孩子们的笑脸如花，每天都快快乐乐地长大。

然而，多数的爸妈其实是很辛苦的，双薪家庭，住在城市里，哪有那么多时间陪小孩？

于是，把孩子送去托管班，每天让小朋友跟着太阳出门，月出东山才回家。逼着孩子参加一堆他根本不想参加的才艺班，最后落得亲子对立？

哎呀，怎么办？

别担心，学习不必这么辛苦的，给孩子一段超优童年岁月，其实也不难，在这本书里，我一共写了二十道给家长的锦囊。

像是理财，让孩子不会整天吵要买东买西，却又学会理财的妙方。

像是指导阅读，不管男生女生都能在浩瀚书海里，找到自己喜欢的书，变成一只勤啃善解的小书虫。

像是如何培养孩子有正确的学习态度，不用上托管才艺班，贵子弟就能打败“月考”这只大怪兽。

像是体育……像是……

这二十道锦囊都针对孩子学习的一种状况，以一种轻松以对的学习态度与习惯，你当然可以从头读到尾，一招一式，将它们全都实践一遍。

你也可以针对孩子的学习情形，在孩子成长发生某些状况，或你希望他养成某些观念时，翻开书，把里头的招式拿来试做一番。

一本书，学一种观念。希望本书能让你在教养时，享受到二次童年的快乐。

第一章

当孩子的学习伙伴

锦囊 1

打造一把黄金钥匙　让孩子自动自发写功课

写功课常让孩子痛苦，家长更苦恼。

趁早建立孩子写作业的模式，

善用计时器，养成好习惯，

适时放手，亲子关系再也不紧绷。

上了一天班好累，回家打开门，赫然发现孩子赖在沙发上扮毛毛虫。

“作业呢？写好了吗？”

“没~有~”

长长的尾音，满满的不耐。

你的心头一把无名火起：“还没写完？快去写呀！”

“好啦~”毛毛虫处于冬眠状态，尾音愈拉愈长，身体动也不动。

终于，在你忍无可忍地破口大骂后，孩子百般不愿地进到书房，开始与作业长期抗战。

等到华灯初上，你已整治妥当一桌美味佳肴，进到书房看孩子作业写了多少。

“嗯～嗯～”孩子支支吾吾，连正眼都不敢瞧你一眼，你将学校家长联络簿拿来一看，天哪，四项作业只写了半样，而半样里面还错字连篇……

唉，每天都要和孩子这样奋战吗？

如果孩子不能自动自发写作业，亲子相处只剩下作业的拉锯战，亲子关系怎么和谐呢？

别伤脑筋，我们来想想办法！

培养自动自发习惯要趁早

你家孩子若还在幼儿园、低年级阶段，恭喜，你还有几年的亲子甜蜜时光，要好好把握。趁这几年的黄金时光，孩子的功课量还不重，你可以筹备一个“打造完美小孩”的计划。

孩子放学回家，招呼他，洗个手，弄盘水果、点心，陪他坐下来看看有哪些功课。你的笑容要甜美，点心要好吃，更重要的是，读书写字的氛围要足够，让孩子明白：回家第一件

事就是写功课。

愈早陪读，孩子愈早养成自己写功课的习惯；愈早下工夫，孩子长大后依赖你的机会就愈少。

书房最好有窗，光线要明亮，写功课时，放点轻柔的音乐，书桌上只留作业，书架上摆满孩子爱读的书。

低年级孩子的功课不多，很快就能写完。即使五分钟完成作业，你最好再拣本好书读给他听，尽量让孩子维持回家有三十分钟坐在书桌前的习惯。

遇到不懂的功课，陪着孩子找工具书，和他讨论。总而言之，在孩子习惯养成前，你得让他知道“遇到困难时，我可以得到哪些协助的方法”。

写字的笔顺对不对？看书的距离对不对？如何整理书包，怎样打电话请教老师或同学？

还有写作业的态度好不好？是一次解决一项作业，还是每样作业都想摸，最后却什么都没完成？

习惯养成的阶段，你要辛苦一点，等孩子建立好习惯，态度对了，你就会很轻松了。

善用计时器，不必再生气

回家作业就像希腊神话里西西弗斯的巨石一样，天天都有，无法逃避；不同的是，西西弗斯的巨石是为了惩罚他，老师们出的作业却蕴藏了希望孩子能温习、预习功课的目的。

孩子还小，往往不懂得把握时间（也可能是还不具备时间观念），这时可以运用计时器来帮忙。现在的计时器功能愈来愈强，价格也不高，我家里就买了两三个。

第一次使用计时器，先帮孩子测一次时间，作为参考的依据。接着，家长可以把孩子写作业的时间，切割成二至三个“小节”，每个小节之间让孩子休息一下。随着孩子年纪渐长，适度拉长各小节的时间，略减休息时间。

每个孩子专注的时间不一样，借由计时器，可以帮孩子了解：**只要专心做一件事，事情就能很快做完。**

利用计时器，先要求孩子专心写功课，再要求他全都要写对，最后才要求他把作业写得又快又好，循序渐进。

有了计时器，就不必一直守在孩子身边。让孩子在时限内，完成该做的事，习惯养成后，再让计时器退隐江湖吧！

如果孩子已经中高年级了，回家还是拖拖拉拉写作业，怎么办？嗯，别担心，还是有方法。

家长放手，但不放任

写作业，是孩子的责任，父母愈把作业放嘴边，孩子愈不把它放心上。想让孩子自动自发地完成功课，先决条件就是——那是孩子的责任，不是父母的。

父母愈早勇于放手，孩子愈早把责任扛在身上。

所谓的放手，并不是放任。

家长是孩子背后支持的力量，当他山重水复疑无路时，父母就是柳暗花明那一村。鼓励孩子勇敢去沉思，去练习，想方法自己解决。当然，你也应该让孩子记下来，把不会做、做了有疑问、想了却找不到方法的作业，带到学校去找同学或老师。

我就要求我们班上同学：回家做习题，遇到不会的地方，一定要把推想过程记录下来，虽然一时没想到方法，可是自己有动过脑筋，隔天再找老师、同学，大家一起找出答案来。

学问、学问，要学也要问，利用做功课的机会，培养孩子独立解决问题的能力，并找到解决问题的管道与方法。这种能力，会陪他一辈子的。

万一孩子每回写功课，都写到很晚很晚，怎么办？

别怕呀，偶尔晚睡不是你的错，他自己拖拖拉拉，隔天

就得接受整天没精神的惩罚；他作业乱写，隔天老师自然会处罚他。这叫作“自然惩罚法”，除非他天天如此，否则偶尔让老师替你教教孩子，这不就是我们送孩子去学校的目的？

同理心，让孩子甘心练习

的确，很少孩子喜欢写作业。在此，狭义的作业指学校功课；广义的作业则包含托管、课外辅导、才艺班的练习作业。

试想一个画面：上了一天课的孩子放学后，背着沉重书包，赶场上各种才艺、课外辅导班，回家还要写作业，你觉得孩子快乐得起来吗？

大人上班累，孩子上课也是会累，家长要有同理心，告诉孩子，你是站在他这边的。像我都告诉女儿，爸爸小时候也超讨厌写作业。

我们都很羡慕外国小孩的回家作业只有一点点，能够享受快乐的童年；但是国情不同，学校、家长的要求不同，很难一概而论。如何才能把孩子培养成每天回家便自动自发拿出作业，而且写得又快又好，写完还自动练琴、拉小提琴，闲暇时还能跳芭蕾、背《弟子规》？

这种超完美的小孩，应该只有梦里才有吧！

既然大多数孩子都不可能是超完美小孩，何不由我们先卸下大人的面具、带着童心，检查一下孩子的各种额外作业：

英文重要吗？钢琴重要吗？美术重要吗？这些额外的学习，有几项是出于孩子的自由意愿；有哪几项是邻居有、同学有，于是好像我们家也非有不可的"场面"才艺？

为了你的荷包，为了孩子的快乐童年，勇敢砍掉几个吧！

托管、课外辅导也是，倘若这家托管班的目的是陪着孩子做完功课，再补充孩子不足的地方，而非"考试都要拿到全班全校第一"，就把它留着，否则应该考虑的是：要再增加孩子的负担吗？

想让孩子快乐上学，快乐练习，就应该鼓励孩子找到自己的兴趣，也唯有如此，他们才肯为它流汗苦练，衣带渐宽终不悔。

爸妈练习题

让孩子明白：回家第一件事就是写功课。

愈早陪读，孩子愈早养成自己写功课的习惯。

锦囊 2

拯救开学焦虑　暑假作业救急六招

翻翻日历，赫然发现已到八月下旬，暑假将告尾声，
开学的日子就要到了，孩子的作业还有一大沓……
幸好，有了“暑假作业救急六招”，
从此不必在开学日前大开夜车赶工！

孩子的暑假作业还没做吗？别手忙脚乱，先看完本文，即使没有百分之百的信心，至少也能提升80％的战斗指数，让你指导家里的小朋友写作业一点也不急，甚至还能带着几分优雅呢！而且那种被暑假作业逼成八爪章鱼的窘境，绝对不会发生在各位身上。

首先，心情放松，别把责任往你沉重的肩膀上扛。毕竟暑假作业是小朋友的作业，不是你的！既然不是你的，老师处罚的对象也不会是你，你现在担的心纯粹是心理作祟，甚至是童年的梦魇延伸。别怕、别怕，再跟着我念一遍：“作业是小朋友的责任，没写，老师不会处罚我！”

心情轻松了吗？

没有？

为什么？

因为“打”在儿身，疼在爹娘心。

好，我懂。别急，我前头说的是帮你卸下责任重担，后头这才要开始说暑假作业这回事。

现在的暑假作业，一般是愈出愈灵活，尤其愈是贤明负责、有耐心、有爱心的老师更是如此。他们会在假期前绞尽脑汁，希望出很多别出心裁的作业“折磨”，喔，不好意思，是“培养”孩子的创意。

因此，如果能用“一起玩”的心情来写作业，把作业当成有趣的事，激发孩子的兴趣，他必能“废寝忘食”，沉迷在暑假作业里，根本不必照三餐催孩子写作业。

第一招　找出主题，轻松写日记

主题，也可以当成题目来看。很多家长以为日记就是自由写，想写什么就写什么，不过，这方法通常只适合给冰雪聪明、热爱阅读、肚子里有一大瓶墨水的小朋友，而不是现在与你坐困灯下的儿子（或女儿）。

一般小朋友写日记，内容有八成都成了流水账，主要是他们还不懂得从每天的生活里取舍可供发挥的题材，所以先和孩子讨论出一个主题来写。例如：美食日记，让小朋友每天挑一道菜当题目，红烧狮子头、东坡肉、臭豆腐，一天写一道，练习观察食物的色香味，甚至还能学学美食家给食物打分数；又或许利用全家上馆子用餐的机会，交由孩子负责点菜，让他品评端上桌的菜色。相信这样的日记写法，绝对受小朋友欢迎。

怕孩子变成小胖子的话，何不来写运动日记？孩子有消耗不完的体力，趁着暑假出门打球、在家爬楼梯，每天挑一样运动来做。做完了，自己检讨一番：有没有进步？明天想怎么练习？以运动为主题的日记，可能较适合给小男生，光是练习上篮、投三分球，他们就有说不完的话题。

探险日记也很有趣，家里、社区、小公园，总有新鲜的人事物，从没走过的小路，新开张的店铺，商家刚上架的新产品，只要张大眼睛去观察周遭事物，每一天都能过得很精彩。

换个口吻把自己变身为芭比娃娃，用芭比娃娃的口吻写日记，男孩子要写变形金刚日记也不错，总之陪孩子讨论出一个主题，写出的日记绝对很有创意。

第二招　增加经验，作文有内容

大家都怕写作文，其实若能提升小朋友的“经验值”，作文内容一定能言之有物，所以大胆丢开作文范本吧！

暑假作文大抵和暑假有关，事先和孩子约定好，把某次旅行计划交给他，由他去调查地点、决定路线、安排行程、计算经费，同时在旅途中担当摄影师。由行前规划到事后检讨全交给小朋友负责，再一一将活动过程写下来，就是一篇生动的好游记。用这种方式完成的游记，也是一篇万用文章，不管老师出的题目是“暑假记趣”“难忘的一天”还是“参观××记”，全部一体适用。

旅行时，一定要记得带相机，因为很多老师会要求附上照片，虽然可以事后用电脑合成，但总是少了那么一点回忆。空白笔记本也要记得带，大多数的景点都有到此一游的戳记可盖，别忘了多盖几个，多出来的戳印正好用来装饰暑假作业。游乐区的导览手册也要拿一份，重点是免费，而且上面不但附地图，还有各种简介，小朋友读读看看，还怕作文写不出来吗？

假如没办法去太远的地方，短程的旅行计划也不错。家附近的庙宇、古迹、公共博物馆、图书馆和小公园等，都值得一访。正因为离家近，可以一去再去，只要事先让小朋友找齐资料，绝对会玩得乐不思“家”，写出来的作文言之有物。

第三招　挑想看的书，阅读心得变有趣

撰写阅读心得前，先让小朋友找到想看的书。想鼓励孩子阅读，买书就别手软。带他去书店，让他挑书，买下来送他。家附近的图书馆，也是你利用的好帮手。

要完成一篇中规中矩的阅读心得，可分成大意与心得。若小朋友真的有把书看完，要写个大意应该不成问题。如果他还是不懂，可以先从绘本读起，看完后，请孩子口述故事内容，再整理成文字，就是故事大意了。至于一般书籍里的作者序、封底的简单摘要，同样具有可供参考的重要资讯。

心得也不难写，按照人、时、事、地、物五大类问题，挑几个来写就可以了。

人——喜欢（或讨厌）这本书里的谁？为什么？生活中的谁和他很像？

时——这本书发生的时间有什么特别？如果发生在别的时间会怎样？

事——这本书的结局喜欢吗？可以有不同的结局吗？主角

有改变吗?

地——这本书发生在哪里？那是怎样的地方？有什么地方跟它很像?

物——故事里最重要的东西是什么？有什么特别？换别的东西不行吗?

把上述五点和小朋友讨论一下，并让他把讨论的重点写下来，轻轻松松就把阅读心得完成了。

第四招　先有故事，看图说话做小书

制作小书是最流行的暑假作业，下列几个简便的方法，让你挣脱制作小书的烦恼。

有趣的绘本改编——像是《我家的长板凳》，整本书以板凳和家人之间的关系为主干，例如：长板凳是爷爷的床、长板凳是爸爸的工作桌、长板凳是奶奶的供桌，一张长板凳有无穷的变化。接着，换小朋友尝试，画一本椅子的书，把看过的椅子各画成一页，写个几句话，就是很有趣的小书。依此类推，家人的汽车可以变成书、家附近的行道树可以变成书、家人的娱乐当然也可以变成书。

老故事新编——伊索寓言、童话故事等经典故事，拿来制作小书也行。以老故事当基础，可省去找故事的时间，再陪着小朋友把故事拆成几页（像是电影的分镜），照着分镜去安排图画

与字的空间，小朋友把图画完，再写上字，就是一本有模有样的手工书。

用照片写故事——把假期里拍摄的照片冲洗出来，每一页贴一张或数张，再写上对应的图说，例如：时间、地点、一起出游的人、心情如何、有什么趣事，题目就叫《暑假》，不错吧！

第五招　观察周遭，仔细研究做记录

观察研究型的作业，首先要注意：范围不要大，对象不要远，做起来才方便；可将其简单地分成固定法和移动法。

定时定点的观察，即是固定法。种一盆很容易种的绿豆，小朋友可以记录绿豆的向光性、生长的速度，加上一点素描和彩色铅笔着色，就很有专家级的味道。去家附近的小公园找找看有没有鸟窝，阳台上放点小米，也可以吸引鸟朋友。教小朋友有耐心地等待，按时拜访，用相机拍下来。这样的观察虽然简单，若能做得深入，效果同样精彩。

不定时不定点的观察必须先定好主题，例如：观察研究社区的老树、社区出没的鸟类。先找好主题，做有计划的出游，就能

四处去拜访观察对象。

动手去做是不可免的。帮孩子准备相机或录音机，“图文并现”、“有声有色”为最佳。有的小朋友擅长素描，不妨就用素描代替照片，搭配简单的解说，“纯手工”的感觉，保证得高分。

除了观察记录每天的改变之外，去图书馆找图鉴、借碟片，将别人的观察拿来做比对；查一查公共电视、探索频道等节目表，按时收看相关节目，一定能给孩子更多启发。像是《法布尔的昆虫记》可以当作延伸阅读；写电子邮件向学者专家请教，他们的回函就是这份观察记录的品质保证。

第六招　做足功课，采写精彩报道

报道作业则是要把小朋友训练成新闻小记者，但是要报道什么才算“新闻”呢?

各行各业是其中选项之一。父母的行业是最佳的选择，一来采访方便，二来比较不会害怕。如果想要内容更有趣些，最好和孩子挑一个有兴趣了解的行业，让他做足功课，亲自打电话去采访，收获会更多。

行前要做足功课，请小朋友先参考相关书籍，上网查资料。出发前一天，最好能在家里先行演练一番，你可以和他讨论哪些题目好、哪些题目可以再改过，然后在出发前，把确认过的采访题目写下来，免得正式上场采访时手忙脚乱。

正式采访当天要带着相机和录音机，现在很多相机、手机亦具备摄影功能，用来录影效果也不差。不过，录影时被采访者多少会感到不自在，还是用录音机比较好。

完成采访后，将笔记和录音内容做系统整理，附上照片、录音带，就是一篇很棒的采访报道。当然，若有不清楚的地方，可以再打电话去确认（别忘了礼貌），所以向采访对象索取电话号码或电子邮件地址也很重要。

暑假作业的样式，说也说不完，每年总有极富创意的老师，想出极富创意的作业。不管如何变化，老师们的想法，无非是希望能让小朋友在暑假玩得快乐，又收获满满，不要白白浪费大好的假期时光。

最好的方案就是让孩子去有创意地玩，唯有如此才能玩出兴趣，做出精彩的作业。万不得已时，希望本文的几个小招式，能助你一臂之力，免除与孩子坐困愁城之憾。

爸妈练习题

协助孩子安排进度，按表完成暑假作业。

让暑假快乐玩，作业开心写。

锦囊 3

动手做、享乐趣　一举两得“做”出数学力

生活中到处都有数学，孩子光坐在书桌前写评量，

和实际去操作的感觉完全不同。

父母如何放手让孩子从生活“做中学”，

“做”出数学力？

炎热的午后，小朋友个个显得昏昏欲睡的模样，我也差不多，但是轮到我值班巡视校园，遇上几个在溜达的男生。

“哪一班的？”我问。

他们吓一跳，嘴里说着“老师好”，一转身准备开溜。

“想回教室可以，老师考考你们。”

一听到考试，他们点点头，至少赶跑瞌睡虫。

热爱思考，不怕被考

我记得电影《终极警探》里，布鲁斯威利遇到的难题：“如何用五升和三升的水桶，量出一升的水？”

“直接看刻度呀！”

“没有刻度！”

“五升倒进三升里头，剩下的水平分。”另一个男生答。

“那可不行，要很精准。”

三个小男生凑在一起，快要胜过一个诸葛亮了。

“五减三，怎么减都是二呀！”

“三升倒两次可不可以？”

趁他们讨论的时候，我继续去看其他班级。还没逛完，一阵细碎的脚步声跟过来：“老师，三升连续倒两次进五升的水桶，六减五就是一升，对不对？”小男生眼里闪着光芒。

我笑一笑：“再来一题更难的：怎么用五升和三升的水桶，量出四升的水？”

三个人又歪着头站在走廊上讨论。有了刚才的经验，这回他们的速度变快了，一下子就解出了正确答案。

“老师，你考不倒我们的啦！”他们咧着嘴，露出白白的牙，“还有题目吗？再考一题嘛！”

看他们快乐的样子，实在很难相信，他们正在求我考他们！

答题前，鼓励孩子先想一想

我曾读过一本书《数学小魔女》，主角是爱尔兰青少年科学家得主莎拉。从小，父亲就喜欢用各种有趣的难题考验她（不是那种翻来覆去、让人算得快累死的练习本或类似题），使她在不知不觉中变得很有自信，愿意多方尝试。她爸爸最常告诉她的观念就是："先想一想，你可以省去很多计算的时间。"

我也把这句话挂在嘴边，提醒班上小朋友："一旦遇到问题怎么办？"

"先想一想，可以节省很多时间！"他们回答得毫不迟疑。

没错，先想一想！思考要时间，偏偏很多师长习惯“急”，一下子丢出几十道题目，嘴里念着“快、快、快”，天天这么忙、这么赶，哪有时间静下来想一想？于是，许多天才脑袋就被这些“快快快”、“赶赶赶”给塞满了。

爱因斯坦小时候常常提出一些怪问题，像是：“指南针为什么总是指向南方？”“什么是时间？什么是空间？”过度的好奇心，让老师怀疑他是不是智能不足。幸好爱因斯坦有一位好母亲，当别人家的孩子跑来跑去、打打闹闹时，爱因斯坦却常独自坐在湖边想事情，邻居不安地问他母亲：“小爱因斯坦为什么一个人对着湖面发呆？是不是有毛病？你应该趁早带他去医院检查！”

爱因斯坦的母亲却说：“他没有任何毛病。那不是发呆，而是在沉思、想问题，他将来一定是位了不起的大学教授。”这句话出自二十世纪最伟大科学家的母亲嘴里，现在看起来依然让人动容。

幸好爱因斯坦有这样的妈妈，不然，相对论怎么能那么精彩？

所以，**请给孩子思考的时间，鼓励孩子说“我想一想”，并且帮孩子戒掉说“我不知道”的习惯。**

因为小朋友说完“我不知道”，事情好像就简单了，什么都不必思考，不必负任何责任。可是应该鼓励孩子遇到问题时先想一想，如果真的想不出来，父母、师长再出手点醒他。别忘了，解题者是他，遇到困难的是他，现在不让他自己去获得“灵光一闪”的思考，难道父母能跟他上教室，陪他写考卷吗？孩子思考时会产生各种想法，有的很好笑，有的很有创意，但不管是怎样的想法，都要让他解答看看。

解对了，为他拍拍手；解错了，要他想一想，为什么错？

让孩子尝试一次、两次、再三尝试，就算第一次就做对，也要他再想一想还有没有其他解法。看起来简单易懂的题目，同样值得孩子再花点时间，找到“自己的”想法与方法，唯有这样，他才是真的懂了。

阅读数学，测量世界

通常大家在谈阅读时，为何不把数学也纳入呢？

坊间有许多与“数学想想”相关的书，很适合买来送孩子，像是《数学好好玩》、《数学小精灵》等。这种书籍很有挑战性，一本书里有几百道有趣的题目，不必急着让孩子一下子全部做完，那会累坏他，更会吓坏他，搞坏孩子的胃口。慢慢来，让他悠游其中，他才能发现乐趣所在。

思考，需要时间。父母可以与孩子一起挑战，比赛谁先解答出来；放一本在车上，当成全家人出游时，脑力激荡的最

佳来源；摆一本在厕所，一天解答一题，一天至少锻炼了一次脑力。

此外，要建立数学实力，也需要具备观察力，生活是最好的教室，因为数学与生活其实息息相关：一斤橘子有几个？一斤鸡蛋和一斤糖一样重吗？体积会一样大吗？

现代的孩子整天看电脑、玩电动，五体不勤、五谷不分。如果家里有阳台，种点青菜种点花，分派小朋友每天去浇水，一个水桶十升，浇三次共几升？浇着浇着，他对容量就有概念了。煮饭时，让孩子动动手也动动脑：十人份的电饭锅要放几盒米、几升水？这样的水量适当吗？如何量出适当的水与米的比例？要煮多久时间？煮五人份和十人份的饭，时间有什么不同？为什么？

所以我才说生活中到处都有数学，光坐在书桌前计算，和实际去操作的感觉完全不同，重点只在于父母何时放手。

数学好坏，看人格特质便知道

人格特质和数学好坏有关？没错！

试想：很多孩子怕数学，把数学看成大怪兽，一遇上它，立刻举双手投降；遇到题目变化，看也不看就往陷阱里跳。这种孩子数学成绩当然不会好，成绩不好就更怕数学；因为更怕数学，成绩更加不好，形成可怕的恶性循环。为此，心急的家长，不是买回更多测验卷，就是把孩子送去补习班。其实，父母不妨思考一下，孩子遇到困难就害怕、退缩，根本不去想方设法解决问题，是不是缺乏面对困境的勇气？

我遇过很多家长，他们有的是做水电、有的是修汽车，但孩子的数学成绩都不错。问他们原因，他们也说不上来。去家访，发现孩子空闲时就跟在爸爸身边，帮忙拿钳子、递电表，看爸爸如何解决难题，换成自己一旦遇到困难，自然也会动脑去找解决办法。

再者，鼓励孩子养成运动习惯，也是不错的方法。养成运动习惯不是件容易的事，孩子必须有足够的毅力，才能做到天天运动；必须肯吃苦，才能流那么多汗；必须反应灵敏，才能解决运动时瞬间产生的困境，找出解决方法。

还有，尽量多带孩子去户外亲近大自然，无论是露营、登山、潜水还是越野健走都好。总之，带着孩子走入大自然，让大自然陶冶孩子面对挫折、适应环境、寻找方法的人格特质。一个能走七小时、登山涉水都不喊苦的孩子，又怎会屈服于那一纸数学题目？只要孩子肯做，绝对能接受挑战。

从数学怪兽爪下脱困

现在的数学课程强调解题能力，希望孩子遇到问题能自行脱困，注重生活情境会遇见的数学，要孩子有带得走的能力。所以父母要培养的不是孩子的计算能力，而是解题能力。更重要的是，让孩子从不断地解题中，建立起数学概念与能力。

我们每天的生活都离不开数学，时时要与数学面对面。如果能让孩子具有喜欢思考、愿意面对问题、动手解决的能力与特质，即使答错了，都是很宝贵的经验！

爸妈练习题

在日常生活中，与孩子一起挑战数学。

培养孩子的解题能力，让孩子从不断地解题中，建立起数学概念与能力。

锦囊 4

活用生活素材　让孩子与自然科学一见钟情

自然是最好的老师，父母带着孩子亲近自然，

可助孩子一臂之力，找到自信。

况且，科学题目何必远求？

生活中自有最佳素材！

某天一进学校，一群孩子朝我奔来并喊着：“那里！那里！”

他们喊得仓皇，我以为发生什么意外，也急忙奔了过去。孩子们在广场围了一圈，我挤进去看，一个小女孩带着微笑、缓缓地绕着圈子走，而且她的头上有只黑色的小鸟在飞。

咦，小鸟怎么没飞走？再仔细一看，女孩手里有一条细细的棉线，再看，那不是只鸟，是蝙蝠。

“蝙蝠？你养蝙蝠？”我难以置信地问。

女孩得意地朝我点点头，背对着金色阳光，她脸上的神情活像个女神。

“在哪儿抓的？”

“你怎么敢养？”

“它吃什么？”

小朋友的问题好多，女孩回答的声音不大，但这会儿她成了大家眼中的老师。原来，轮她打扫学校礼堂时，礼堂布幕上头住了很多蝙蝠，有时候会有小蝙蝠掉下来，她就用手帕把小蝙蝠包住，带回家养。

“小蝙蝠好可爱！”她说。

这孩子平时在学校并不是风云人物，却从那天起，每个孩子都叫她“蝙蝠女孩”，每每提起她，口气里莫不带着三分敬佩。毕竟，会带蝙蝠出门散步的人不多吧？

除了“蝙蝠女孩”，学校还有过一个“甲虫男孩”，他家有一大片槟榔园，园里落叶堆成腐殖层，里头埋有各式甲虫卵。他从小就在园里抓甲虫，进而饲养甲虫。由于长期观

察甲虫生态，男孩画甲虫非常拿手，想知道哪类甲虫的品种、习性，大家都知道要找他。他的课业成绩不算顶尖，可是配合现有的多元入学方式，后来进入大学的生物系就读，还读得很愉快。

由上述二例不难发现，“喜欢”是促进学习的最大动机，有了强而有力的动机，学习更有效果。

找一棵“我们的树”

自然课在学校课程里，算是一门很有趣的科目。饲养小动物、种点植物，都是很适合孩子亲近自然的方法，有些学校的自然课也让孩子养毛毛虫，观察从毛毛虫变身成蝴蝶的过程。

这几年，连水族馆、宠物店或书店都开始卖甲虫，专业的老板会提供各种饲养上的咨询服务，很多孩子开始乐于照顾甲虫，只需要买个观察箱，即使住在都市，也有与自然接触的机会。

我们小时候都养过蚕宝宝，蚕宝宝很会生，却只吃桑叶；大家一定都记得桑树很难找，找到了一棵，很快就被闻风而来的同学把桑叶采光光。所以我童年最大的心愿，就是长大后要种一大片桑树，不管养多少蚕宝宝都不怕它们饿肚子。当年，多数同学养到后来都因为找不到桑叶，被迫把整盒的蚕卵丢掉，算一算也是几千条生命。

幸好现在大家重视生命教育，饲养昆虫容易，但饲养前要先与孩子约法三章：保证善待它们，这是第一步，再来就要问孩子能否持之以恒、不始乱终弃？千万不要因为一时兴起，匆匆买下它们，养一阵子待热忱消退，就草草弃养。

养与不养都是大事，决定不养了，绝不是“让鱼回到水里”、“让昆虫飞回原野”那么容易，这样很可能害了那些生物，也破坏了生态。一旦真的不继续饲养，不妨把它们送回宠物店或交给有心饲养的同学照顾。

除此之外，还有没有更好的方法？

有本童书《我们的树》，作者一家人每年圣诞夜时，固定开车去山上看他们的树。他们用玉米、坚果、水果做成装饰品，坐在树下，赏月观星，最后再悄然离去。那些食物则留给动物享用，那棵树，依然在山林继续成长，真是一种很棒的感觉。

家附近的公园、行道树和小溪，也可以当成“我们的树”，带孩子认养它，然后亲近它，观察它，里面就是一个完整的生态，既方便观察昆虫、鸟类和植物，也容易亲近接触。所以何不带孩子去找棵“我们的树”，或找条“我们的河”呢？

自己找问题，自己找答案

日常生活中，我们随时都在接触、运用自然科学，阳光如何使温度升高？微风又如何带动风筝？连走路、开门都要用到物理原理。

自然科学就在孩子身边，是天天都要遇到的事。引发孩子动手做的诱因很重要，让他们从动手中去培养兴趣，解决问题，人人家里都能出个爱迪生。

像是目前正“热”的魔术，就是动手操作最好的例子。

班上的庆生会，每回都会请小朋友上台演出，本来只是一般的唱唱跳跳，自从有个孩子扮成怪博士演出科学魔术后，竟然在班上掀起一阵科学魔术风。

魔术是“科学”与“手法”的结合。图书馆、书店里有不少科学魔术的书籍，鼓励孩子学科学魔术，从中了解各种科学原理，再应用变化出更有趣的魔术，可说是从做中学的极佳门道。

做科学展览也是鼓励孩子动手的好理由。科学展览重要的目标，是小朋友能从生活里找问题，进而观察研究并找出答案。

小朋友通常极具好奇心，最爱问大人一大堆问题，对这种好奇宝宝，可别急着把答案丢给他，最好留几个特别的问题，让他自己找答案，教他上网、查资料。找到了答案，还要他亲自去验证看看。

千万不要为了参加科展，硬要孩子背一堆他们搞不懂的东西，既骗了孩子，也骗了自己。最好是在日常生活里发现问题，然后动脑实验，最后找到方法。错了，就再来一次，无形中就是一种最佳的学习态度。

动脑动手，破解生活中的好问题

参与科学营队、有空多带孩子去逛博物馆，鼓励孩子阅读科普读物、伟人传记，都是让孩子爱上科学，进而乐于思考的好方法。

好的科普书籍，以浅白的文字呈现科学理论，可以训练

孩子独立思考和判断能力。同时，还能提供孩子另一种思考的角度，让他们的想法更具备全面性。遇到问题时，请孩子提出更多思考的可能，让孩子创造出更不一样的方法。

台湾“九二一”大地震那年，我们的学校倒了，当时白天在组合屋上课，晚上回组合屋住。夏天时，组合屋里很热，最高温达到四十多度，简直热爆了。早上还可以待在组合屋，近午温度狂飙时，就得四处“流窜”寻觅阴凉的地方，有时跑到停车场，有时躲进树荫下。可是这么跑来跑去，终究不是个办法。

“好热喔。”

“我也知道，”我边擦着汗边问，“怎么降温呀？”

这真是个大问题，那时还是春天，等夏天来了怎么办才好？小朋友七嘴八舌地讨论，教室太热是大家共同遇到的大问题，如何解决成为大家要思考的功课。

既然高温的起因是日晒，有没有办法挡住炎炎日晒？家里种兰花的小朋友请爸爸出马，把兰花园不要的黑色网子搭在屋顶上方，果然温度降下许多。

可是，组合屋里头还是热，还能怎么降温？学园艺的老师这回在屋顶上种花草，有花草来隔热，浇水后更能降温。

还有学生的妈妈拉了几十条草绳，沿着组合屋四周种满丝瓜。等丝瓜愈长愈大，不仅靠丝瓜叶子遮阳，丝瓜的绿意还能骗过大脑对热的感受，当丝瓜开花、结果时，小朋友乘机免费上了一堂农园体验课。

那一年多的组合屋生活，让我们实验了好多种想法，有的很有效，有的不灵光。学校正在重建，我们望着那些丝瓜卖力地往上爬，仿佛内心也正在重建。

台湾“八八”水灾之后，南部许多地方发生山崩、泥石流，我让学生们在课堂上讨论该怎么办、有什么办法。这是个很棒的问题，而且时事问题几乎天天碰得到，拿来给孩子思考，也很棒。

古往今来的科学家都有一个共通点，就是特别爱思考，他们会从问题里慢慢找出共通性、规律性，最后再提出各种方法加以验证。

错了，别怕，再来一次。遇到问题了，鼓励孩子思考，多多去想，宁可孩子一天想一道够水准的题目，也不要他每天花很多时间去做一堆重复、无聊的练习题来谋杀时间。

多让孩子们用心思考，动手操作，未来的爱因斯坦或爱迪生，可能就出现在你眼前。

爸妈练习题

带着孩子到家周边的小公园或水岸，寻找属于自己的“树”，或河流、小溪。

鼓励孩子发现问题，不要怕犯错，就算找到答案了，还要记得亲自验证。

锦囊 5

关心时事、善用联想　社会科一次就上手

社会科非得生吞活剥、死记硬背才学得好吗？

培养五项好习惯，结合创意联想、谐音背诵、生活经验……

社会科一次就上手！

每次想到班上的学生害怕上社会科，心里总觉得实在很奇怪。看他们的社会科成绩有乐透揭晓的感觉：不到成绩公布那一刻，实在很难预测出分数。我绝非分数至上的老师，但面对他们屡战屡败的社会科，还是不解，不自觉地提起当年勇："想当年哪，社会科是大补丸，老师随便考考都拿一百分。"

"那是老师以前的题目太简单！"学生们大声抗议。

我不信，抽了试卷来看看：

请将下列族名和文化特色连起来：

邹族 ·　　　　· 矮灵祭

卑南族 ·　　　· 战祭

排湾族 ·　　　· 敬爱百合花

赛夏族 ·　　　· 八部合音

鲁凯族 ·　　　· 擅于雕刻

“不难啊，上回户外教学不是去过九族文化村了吗？”

“玩都不够了，哪有空去看那些原始房子？”

我又好气又好笑。

往下一瞄：这题呢，关于饥饿，怎么这么多人答错？

(　　) 饥饿问题造成婴儿死亡率增加。

(　　) 饥饿人口多集中于欧美地区。

(　　) 应鼓励人口成长。

(　　) 饥饿与贫穷往往相互恶性循环。

(　　) 应提升粮食生产技术。

“字那么多，读起来很累耶。”他们说得理直气壮。

唉，做题目都怕长句子，又怎能奢望他们考得好阅读理解？

虽然我不教社会科，但是我懂社会。在台湾，低年级时，社会还叫作生活；中年级以后与艺文分道扬镳；到中学继续分成历史、地理与公民。如果能养成几项好习惯，打败“社会”恶魔其实不是梦。

习惯一：理解加想像，社会不怕背

社会课本里总会遇到一些该背的内容，孩子背得泪眼汪汪，你在旁边则痛骂教育政策：“都什么年代了，还背这些劳什子做什么？”

我也是老师，我也不愿意孩子老是在背。可是教育无法一步到位，不如教孩子几个好习惯，可有效减轻焦虑。

● 画心智图：重要单元却内含复杂的概念时，让孩子养成画心智图的习惯。把中心概念写在中间，相关联结的子题用不同颜色标注，往外延伸，有助于小朋友化繁为简。复习时画一张，考试前再默想一张，因为是自己整理的重点，一目了然。

● 谐音加联想力，增加记忆力：若有太多要背的零碎事件，教孩子用谐音加联想力来提升记忆。例如，大雅沙金宁澜怒怒伯——中国西南横断山脉的地形，大雪山、雅鲁藏布江、沙鲁里山、金沙江、宁静山、澜沧江、怒山、怒江、伯舒拉岭，各抓第一个字，简化再运用谐音加联想就变成：大雅的沙金宁愿烂掉，因为那个阿伯很爱生气。九个字背出西南的横断地形，一辈子也不会忘记。下回孩子再背不出来，让他自己试

试看，谐音加联想，背诵更简单。

● 连锁记忆，推算容易：遇到要背的年代太多太乱，先找出最重要的年代，把它牢记起来，其他相关的前后年代和事件就不必死记，只要推算就好了。像台湾变成行省是在一八八五年，记住这个最重要的年代，前一年刘铭传来台，那是一八八四年。十年后，甲午战争被割让给日本，那就是一八九五年。日本侵占台湾五十年，所以再加五十年，就是一九四五年光复。记住一个关键年代、关键事件，然后推算其他事件，年代背诵就简单多了。

习惯二：重大新闻绝不放过

准备一个地球仪，愈大愈好，最好放在客厅，随时派上用场。因为除了课本内容，新闻报道也很值得探讨，像是美国和英国因暴风雪关闭机场、澳大利亚遇到百年来最大的热浪……极冷与酷热同时存在于我们居住的星球上，怎么回事呢？非洲闹饥荒，对全球会有什么影响？为什么北美洲飓风会造成原油上涨？

这些问题如果不给孩子细想，很快就过去了；这些地方没有查一查，好像在遥不可及的国度。但是这些都是很好的新闻题材，以及研究机会，轻轻转动地球仪，地球村不再遥不可及。地球并不大，现在不爱护它，未来环境的恶化全部要由孩子们长大后去面对。和孩子一起讨论课本或新闻，它们都与我们的生活息息相关。不管年纪大小，都应该养成习惯去分析、理解与讨论。

有时，我们觉得小朋友好像对生活挺麻木的，只想到自己，不懂得关注他人。然而，你若能带着孩子开始去关心世界、参与社区活动，他们会渐渐懂得用眼、用心去与人相处。

一个地球仪，瞬间让世界无国界；时常让孩子参与新闻的讨论，无形中就能提升他们的判断能力。

习惯三：最简单的图表务必要弄懂

课本里的地图和图表要好好阅读，这是孩子应具备的能力。时常阅读，练习就会变成习惯，习惯就会变成能力。

前阵子有则新闻，一对情侣到某国家公园游玩，因为没注意到门口的危险路线标示，结果跌落深坑酿成意外。明明有标示在那里，很多人偏偏忽略它。而我，即使只是看着一张地图，还没真正出发，我的大脑已经展开探索。

如果课本里的地图太小，送孩子一张更大的地图贴在书

房，把去过的地方圈起来，再把想去的地方用别的颜色圈起来。“总有一天要去！”你可以这么告诉孩子。

感觉地图太枯燥的话，让孩子在上头加上更有意思的景点，像美食地图、游乐园地图。大胆解构地图，把地图当成玩具，就会在孩子心里重新建构成他理想的新地图。

课本的图表也藏有很多秘密：人口消长、食物生长……提醒孩子多多注意图表，探索数字背后的意义。杂志报道常提出一些统计表，我会把统计表格当成教材，遇到有趣的统计表就影印给孩子阅读，从中找出值得探讨的问题。

习惯四：每张图片都仔细看一看

有些地方可能永远无法亲自造访，像是北极中心点、圣母峰峰顶；或者是一百年前的扬州、一千五百年前的长安；有些活动可能永远都不会再举办了，像是荷兰人降服于郑成功的会场、某个村子的村民合力拯救搁浅鲸鱼。

幸好有照片，有前人留下来的画像、书信，通过它们，让我们有幸参与历史的重要场景，所以千万不要轻视图片的力量。

只要是课本上的照片，我都要求学生多看几眼。一张照片能说的事，往往比课文叙述更生动，传达了更多讯息，只要孩子能多加留意的话。不仅如此，照片后头还有更多没说出来的故事：

沙漠地带的人的穿着打扮为什么是这样？

欧洲人集体在沙滩上做日光浴，为什么？

荷兰人的风车，为什么要这么建？为什么要建在这种地形上？

看照片，发挥想像力，找到疑问，提出合理的解释，然后去印证。当孩子懂得去读照片后头的故事，那么照片将不再只是照片。

习惯五：热爱旅行，喜欢探索

社会科与生活关系紧密，真要学得好，生活经验就得足够。多往外跑是不二法门，读万卷书不如行万里路。不过，一趟好的知性之旅，可不能变成老妈子劳累大考验。

如果以往都是你在安排行程、打包行李、决定饭店、寻找美食，结果孩子做了什么？他们在车上喊无聊，下车什么都不想玩，最后一路闷到家。什么事都是家长做，难怪家长觉得累。

旅行，要让孩子有工作，给他一点责任。

现代孩子的资讯能力是与生俱来的。不想让孩子在车上沉闷想睡，又不想让他与电动玩具一路，行前准备工作绝对要交一点给他负责。找旅馆、找行程、找地图、找美食，孩子都可以提供意见、帮忙规划路线。孩子的责任愈多，他就会愈认真准备。

旅行途中，父母不要太厉害。要下哪个路口？经过什么乡镇？这里有什么活动？让孩子充当眼线，亲子旅途将不再只是睡眼蒙眬。

回家后，影片编辑、照片冲洗、回忆相片的制作，照样交给孩子处理，这趟旅行将会有满满的收获。

父母放轻松，孩子学更多，千万别自己把学习的责任全包了。

想把社会科学好，其实要讲究方法（学习其他科目何尝不是）。孩子成绩不好，背得很累，说不定只是不懂诀窍。家长应该帮他们找出学习的盲点，而非一味地写测验卷、送托管班，那样只会徒增孩子学习的厌倦感。

花点时间，陪孩子找出学习的“眉角”，让他拥有学习的好习惯，孩子也将因此学得更好！

爸妈练习题

每周拨出一点时间，和孩子关心世界大事、讨论新闻话题。

和孩子一起仔细阅读地图、统计表、照片，发现背后更多的故事。

锦囊

6

随想随写，分享生活　写日记从此不再愁

太阳底下总有新鲜事，一花一草皆题材。

从图画日记起步，到“不能说的秘密”，

随想随写，无形中训练了观察力，也提升了语文能力。

写好作文的第一步，就从每天写日记开始。

我任教的小学，从这个学期开始推行“晨读十分钟”。十分钟说长不长，说短不短，翻十来页书是可行的。这十分钟恰好是阳光爬过山头，将白花花的光线洒落窗间的时候，吸几口新鲜氧气，陪着小朋友看书，真愉快。

除了晨读十分钟，我班上的小朋友每天都要写日记。天天写，天天练，孩子们享受书香时，我则翻阅他们的日记，乐读孩子们的童年。

为什么要写日记？这是不少家长的疑问。唉，现在台湾的语文课一周删到只剩五节课（其他时间被乡土语言、英语和综合课瓜分了），我们都知道，语文要学得好，多读多写是不二法门，可是一学期只写四篇作文，是不是明显不足？该怎么办？日记就这样浮上许多老师的脑海，正大光明地跃进课堂，变成小朋友的“福利”。

其实，写日记可以练习观察力，欠缺观察力的孩子，就会觉得太阳底下没有新鲜事，面对日记本发呆；**写日记，可以让孩子学习省思的功夫，夜深人静时摊开日记本，下笔时静静思索，写出来的日记一定很真。**

低年级生来玩图画日记

孩子出生时，家长们都会买本成长日记，印上小朋友的手印、脚印，贴上孩子的照片，喜滋滋地替他们量身高、写日志，转眼间，孩子上小学了，用什么来记录成长呢？

何不买本日记送孩子，由他自己记录？

孩子的第一本日记，图画日记本是不错的选择，空白的更佳。利用空白的页面供孩子涂鸦，下面的格子给小朋友写日记。小朋友都怕写字，图画日记本的字数不多，小朋友一下子就写完了，画图却可以画得很高兴。日记的内容可以只写简单的一句话，请孩子把当天发生的事，重点式地写下来。例如：今天是海薇的生日，她请大家吃了一个好大、好好吃的蛋糕。

图画日记也可以用几句话，大概叙述事情的经过；更可以用一段话，把事情说得更完整。陪孩子想一想今天发生过的事，先让小朋友口述一遍，有的小朋友还不太会用连接词，会一直写“然后、然后、然后”，趁小朋友口述时帮他修掉，下

笔就是一篇好日记了。比较复杂的事情经过，家长最好帮忙孩子统整一下，把一件事分成原因、经过和结果，利用一问一答的方法进行：

——原因：我们今天去哪里逛夜市？和谁去？

——经过：夜市里有什么东西？最喜欢哪个摊位？

——结果：要回家时的心情怎么样？

小朋友写完日记，请他读一遍，别忘了多多赞美。每天从他写的日记里，找一句很棒的句子（找不到句子，找一个词也可以）加以鼓励，孩子会很高兴，明天就会写出更棒的句子。日记本不要太大本，让小朋友很轻易写满一本，写完一本再换一本新的，一年下来可以写个五六本，最后用大订书机咔嚓一声就装订好了。行有余力，再帮孩子加个硬壳封面，就是童年最佳的礼物。

中年级生挑战主题日记

一升上中年级，日记本的格子变小变多，字数也一下子增多，小朋友在这个阶段最常犯的毛病，就是把日记写成流水账。

流水账像账单，通篇都在记事。事情记一堆，却没一件事讲得清。小朋友把日记写成流水账，原因多半是不会找重点，一天的事情那么多，到底哪件事是重点？你可以先把流水账式的日记给小朋友看，请他从中找出一件最重要的事，再把它从头到尾说一遍，说完再将这件事写成日记，两篇日记同时并陈比较，小朋友几乎就不会再犯相同的错误。

有些中年级的孩子还不太会找题材，写来写去总不脱离教

室、老师、家里的事，这种内容写多了，招式用老了，观察力也钝掉了。试试下面的题目：最大的一朵云、校园最美的花、今天服装最特别的人、让我害怕的一刻等，由师长提供需要仔细观察的题目，小朋友接受挑战后，观察力自然跟着进步。

中年级的小朋友因为刚脱离注音符号的辅助，很容易写一大堆错字，有的父母会把正确的字标在旁边，让小朋友可以立刻更正，看起来很轻松，可是下回遇上同一个字，还是不认识，结果又写错。最好的方法就是父母用铅笔圈起来，请孩子查字典，宁可现在多查几次，每查一次印象就加深一次，下回就不会再错。

高年级生分享交换日记

高年级的孩子身心快速发展，青春期前的孩子开始有心事了，如果再碰上一点儿“情事”，还真是会情绪乱糟糟呢！日记本就是这个阶段的好帮手，鼓励他们把日记当成知心好友，

把不为人知的心情写在日记里。

有一本知名的儿童小说《亲爱的汉修先生》，书里的主角是个单亲家庭的孩子，与妈妈相依为命，两人搬到一个陌生的小镇重新展开人生。转学生的身份，造成他不少的困扰，他想念的爸爸却又像个长不大的孩子，老是忘了他的生日，连他每天的午餐，都会莫名其妙地失踪。这些困扰让他烦不胜烦，幸好他找到了日记，每天在日记的开头写上一句"亲爱的日记"，借由日记的书写找到生命的出口，日记让他在这段孤立无援的日子，多了一位知心朋友相伴。

高年级日记的质量当然要再往上提升，此时打开视野是很重要的事：陪孩子到图书馆借几本经典文学阅读；杂志、报纸上的好文章，不妨剪贴下来收藏，文化素养加上背景知识丰富，他的每一天都会过得很精彩。

升上高年级，有的小朋友喜欢写交换日记，你写一篇、我写一篇，再彼此交换。那种期盼看到别人眼中的世界的心情、彼此分享的感觉是很棒的。如果可能的话，父母可以邀孩子来写交换日记，母子的、父女的，甚至全家人一起来，以身作则，相互关怀。不是偷看他的日记喔，而是大大方方利用日记当起亲子桥梁。

中学生利用周记透透气

孩子升上中学后，学校会要求他们每周写一篇周记。有的孩子不把周记当回事，随手涂鸦，交差了事。他们的理由是："书都读不完了，还写什么周记？"

其实，周记可以当成写作文的小帮手。写周记很自由，老师并不会强迫孩子一定得写什么，课本里的文章都是知名作家的大作，正好可以每周挑一位作家的文章来读，让初学写作的孩子把读后感变成周记，仿写文中的优美词句，并学会摘录、发表感言。

好的周记也是作者展现人生感悟的好场所。看完一本书，鼓励孩子尝试用不同角度切入，发表自己的想法，让创意在周记里产生火花。如果孩子没空读大部头的文学名著，还有一个方法，陪孩子从他感兴趣的地方着手，比如：电视剧、卡通动画片、电影、游戏，训练孩子加深加广他对这些事物的认知与发想。

时事新闻、科学新知，当然也是周记的好题材。纳米科技、音乐欣赏乍听之下，好像连不到一块儿，但是在孩子的生命旅程中，因为还没有定型，所以什么都可以尝试，什么都有可能。

鼓励孩子去发展、去寻找，让周记变成打开人生视野的好课题。除了繁重的功课外，若能因此寻得一点儿创意人生的培养与启发，孩子的生命必将变得更丰富。

爸妈练习题

工欲善其事，必先利其器。为不同年龄阶段的孩子，准备适当的日记本。

邀请孩子成为交换日记的伙伴，以文字代替话语，分享各自的生活点滴。

锦囊 7

台下预先练功夫　勇敢上台演讲非难事

孩子台下一条龙，但是一上台就变得呆若木鸡，

变成了扭扭捏捏的毛毛虫。

孩子“爱说话，怕演讲”该怎么办？

如何引导孩子上台侃侃而谈、言之有物？

很久很久以前，我还是个热情有劲、教学技巧还少那么一点点的菜鸟老师时，任教第一年就奉派去当演讲比赛的指导老师。演讲比赛哪有什么困难？我一口答应。

抓了个猜拳猜输其他同学的“倒霉鬼”，师生两人照三餐操练，反正铁杵都能磨成绣花针，练就对了！我的手下大将一天背一篇稿子，隔天就练习上台演讲。背稿背了一个多月后，比赛的日子到了。师生两人搭着公车进入县城，来到比赛会场。

天哪，感觉真像刘姥姥进大观园——城里的孩子，男生打领结，女生穿裙装，更慎重的甚至起个大早从发型到服装都经过特别准备；而我的大将穿着便服，头发连梳都没梳就来了。环顾会场四周，处处都有人在练习，看看人家的手势加上

表情和音调，无一不是上上之选，教人愈看愈心慌，信心丢光光（是我，而不是指孩子），我家大将则站在一旁打哈欠，因为早上太早起床了。看来，只能硬着头皮上场，我拿出他之前背的稿子，请他进行赛前练习。

我随手抽出一篇："讲'如何做个孝顺的孩子'好了。"

"好，"他答得很干脆。话才说完，下一句就变成："我忘了。"

"不是背过吗？"

"背太多篇了嘛！"他辩得理直气壮。

"等一下抽到这篇怎么办？"我紧张了，立刻要他把全部稿子再看一遍，他边看，我边问："想起来了没有？"

"嗯！"

好在这孩子终于进入状态，就像令狐冲学独孤九剑一样，我暗自窃喜。

"老师，我……我好像全忘了。"他才刚说完，就轮到他抽题了。

演讲比赛抽完题后，老师是不能上去指导的。我坐在台下不安地看着他上台抽题，结果这小子回头朝我比了个“OK”的手势，我总算心安了：“幸好，抽到了有把握的题目。”

三十分钟后，轮到大将上场，他迈着稳定的步伐上台，台风稳健地说完自我介绍和题目后，就……没下文了。

……（发呆状）

……（持续发呆状）

……（僵在台上）

我在台下猛打手势，要他鞠躬下台，他没看着我，只顾仰头望天，似乎在问神？又像在想词？总而言之，就是不开口。

这下子，连裁判长都紧张了，嗯嗯啊啊地示意他。但大将就是大将，足足等到四分钟铃声响，计时老师开口催他，才心不甘情不愿地结束罚站。

“你不会讲，怎么不下台？”

“我忘了第一句嘛。”几颗斗大的泪珠不甘地滚落。

往后，再请他上台演讲，他都抵死不从。

之后，我则几乎年年负责指导学生演讲，看多、教多，渐渐悟出不少指导孩子演讲的诀窍。

演讲、写作需双管齐下

学校若征求演讲比赛选手，尽量鼓励孩子参加。虽然过程辛苦，但有专任指导老师在旁引导孩子学习、成长，大好机会可别轻易放过。

有的比赛（比如说故事比赛）可以事先背稿，就让孩子自己先写好草稿，师长再帮忙修润。为了好读好记，撰写演讲稿时，可多利用押韵与对句，讲起来会比较顺畅，不容易卡住。内容方面，多列举实际例子，能佐以可靠的数据更好，让孩子脱口而出的都是清楚合理的好句子。

有的比赛要现场抽题（比如即兴演讲比赛），总不可能要小朋友在家背好几百篇稿子等着接招吧？这时，有个简单实用的准备方法：让孩子拿作文范本观摩，把

别人的大纲整理出来，再依题目改写成自己需要的纲要。

通过阅读作文范本的过程，孩子读了好文章，学了好句型，观摩了别人文章的布局，还能学习拟大纲。**大量地看范文、拟大纲，孩子不仅练习了演讲，也学会写作，一举两得。**如果小朋友不擅长写作文，利用这个方法练习，很快就会进步。

等孩子抽完题目，花几分钟拟大纲、查清演说的方向，再依照大纲的要点发挥即可。由于没花时间写草稿，而是直接演练，演说的内容、语气、手势的表达，皆会比较自然；加上上台前已练习很多遍，就不会过于紧张。更重要的是，并非死背讲稿，即使忘了第一点，也可以先讲第二点，讲着讲着，等想到了，再回头讲第一点，就连随机应变的功夫也学起来了！

腹有诗书气自华

为什么要大量阅读？当然是为了加深加广孩子的“肚容量”。鼓励孩子把好的故事、笑话甚至是谜语，用活页卡记下来，分类整理成演讲时的材料库。有了材料库，还要多讲几遍。

很多孩子回家叽叽喳喳，急着跟你说今天碰上的事、听到的笑话。这是让孩子多讲的好机会，家长一定要听，即便再忙，也要放下手边工作认真聆听。孩子说上一次、两次，自然会加深印象，而且愈说技巧愈好，知道笑点在哪里，要在什么地方加强语气。父母听完后，可以鼓励他们再讲给其他家人、同学听。听来的笑话是别人的，说过的故事才是自己的。

让孩子参加小小解说员、播报员的营队，这些营队都要小朋友讲话、发表。若肚子里的墨水够多，信手拈来都是典故，孩子们得到的掌声就愈多，信心就愈足。

“上台容易下台难”，教孩子上台，也要教孩子下台。提醒他，当脑筋一片空白、真的不知该如何是好时，一定要把“我的演讲到此结束，谢谢大家”拿来应用。比赛年年都有，这回忘词，下回再来。不要让孩子站在台上，任由台下可怕的目光把信心打击一空（当年我的大将就败在那句上）。

好的开始是成功的一半，而完美的结束，也能让人印象深刻；即使讲不完，也要笑容甜美、抬头挺胸地下台。**失败，也要败得有风度，更重要的是，别让一次的失败，彻底打垮孩子的自信心**。

完美的收场，绝对要事先练习，我会教选手以下几个简单的结束法：

1. 首尾呼应法：把题目的重要性再强调一遍。

2. 综合整理法：把中段的重点再复述一次，加深裁判印象。

3. 祝福结语法：演讲终了，以诚恳的语调，祝福现场的所有来宾。

很多作文范本都有教开头、结尾的方法，让小朋友把每一种都拿来应用练习，上了台自然就不怕。

著名歌手张惠妹开过无数场演唱会，可是她每次上台前仍会紧张，担心忘词，害怕出错，连名人都尚且如此，更何况是孩子？

没有第一次的害怕紧张，怎么会有日后身经百战的镇静沉着？演讲比赛就是让孩子练习克服胆怯、发挥机智的好机会。

克服紧张是登台前的必要功课。多练习、常上台是不二法门，每多练习一次，就多克服内心的不安一分。趁孩子年纪还小时（低年级孩子较不怕上台，愈高年级愈怕），为他们多制造面对群众说话的机会。像是参加社区儿童读书会，就是很不错的方法。假使参加读书会，就得定期阅读书籍，开会时还要发表感想，既能读书，又能让孩子上台发表自己的想法，是

不是很棒？

另外，有些减压方法可以教孩子：

1. 深呼吸，用力握拳，对着镜子大喊："我最棒！"

2. 把台下的评审、观众当成西瓜、石头，西瓜跟石头没什么好怕的。

3. 上台前，做些别的事转移注意力。站起来走走，做做伸展操，转头看看户外都好。

4. 把台下的评审、观众想像成好朋友。既然是跟好朋友见面，那还怕什么呢？

善用科技，学习事半功倍

演讲、演说，强调的是又演又说，肢体语言与声音的轻重缓急也是重点。练习时，最好能对着镜子观察自己的表现：抬头挺胸，面露自信的微笑；比手势要离开身体，自然伸展出去，优雅地收回，不必太多，免得烦琐。

训练选手时，我会录下他们的表现，演讲完毕立即实况播出。师生一起检讨，什么地方做得好，什么地方可以再加强。去比赛现场，录影机更好用，只要征得主办单位同意，除了录自己的选手，我还会录下其他选手的准备情形与演讲实况。通过这些录影，实际观摩别人的演讲，学习人家对手势、口气与语调的应用。

还有一种便宜的录音机，附手持麦克风，单价不高，操作简单。我把孩子的每篇讲稿都录下来，让他们带回家有空就播来听，写功课、临睡前，甚至全家出游坐在车子里都可以听（用来背课文、唐诗亦可）。经常听，把稿子内化成深层的记忆后，想忘也忘不了。

想让孩子成为一个能言善道的人，需要通过大量的阅读，不断练习与发表，尽量鼓励孩子勇敢上台。接受演讲比赛这种“炼狱”般的考验吧，将会帮助小朋友快速成长，并且留下永生难忘的回忆！

爸妈练习题

陪孩子通过阅读，学会拟大纲、练习写作文，并建立自己的演讲材料库。

孩子想分享的时候，家长即便再忙，也要放下手边工作认真聆听；注意孩子的内容、语调、表情和手势，适当给予鼓励和建议。

02

第二章 陪孩子一起成长

锦囊 8

善用角色扮演、事前演练　将危机变转机

脱离说教的单向传播方式，

运用角色扮演让孩子卸下心理防线，

也能让孩子以同理心，拥有关怀与包容的能力。

碰到棘手的问题，来来来，一二三——变身！

叩叩叩！

“把门开开，我要进来啦！”我用手指在门上拉出一阵叽叽叽的声音。

“你是谁？”小红帽怯怯地问。

“我是大野狼！”

“你是爸爸啦！”

“不不不，我是大野狼，”我把手伸出去等她鉴定，“这是我的爪子。”

“大野狼有尖尖的爪子。”

“不然，你看我的脚。”

“大野狼不会有香港脚，”她继续坚持，“你是我爸爸。”

“呵呵呵，我已经把你的爸爸吃下肚，我现在穿的是他的

‘皮’大衣。”

“我不相信！”女儿把门打开，冲过来抱着我，“你是爸爸！”

我投降，摸摸她的头：“不行，你这样没有通过考验，如果有一天，大野狼化装成我的样子，你就会被抓走了。”

我再度退到门外，重新扮演一只嘶哑着嗓子想冲进来的大野狼，女儿呢，当然是娇小可爱的小红帽。那时，女儿只有四五岁，她的世界里存在的都是好人：给她饼干的老婆婆、带她去看鸟巢的大姐姐、常夸她乖的左邻右舍，天真无邪，十足十坏人一抓就走的模样，该如何是好？

角色扮演，演练安全教育戏码

为人父母者都知道外头人心可能险恶，不教孩子自我保护之道，父母无法二十四小时盯着他。而角色扮演就是我家当时常玩的游戏：坏坏的大野狼是我，想尽各种办法要骗女儿开门，拐她把衣服脱掉，甚至以糖果诱惑，只要她跟我走出去。她从

一开始的“爸爸，你不要再装了”，进步到“我妈妈说不能拿别人的东西”。看她进步神速，让我们这对怀有极高焦虑的父母安下心来，即使偶尔让她一个人在客厅看书，也不再忧心忡忡，担心会有大坏蛋跑进我家把她带走。

没办法，你可以说我净教孩子不相信人性，但是许多数据让我知道，大多数的性侵来自熟识的人，很多的坏人会穿着制服，假装他只是进来检查个煤气，更遑论那些无所不在的诈骗集团。

角色扮演是安全教育的好帮手，小朋友超爱演戏，很容易融进那种情境，玩得不亦乐乎。你可以想像各种状况，失火了怎么办？逛夜市迷路了去哪里找人？以今日社会新闻传播之发达，天天都有各种情境可以演练。

有一回到北京玩，女儿走累了，气温三十八度，她的嘴翘得可以吊半斤猪肉，别人在照相，她连动都不想动。我只好告诉她，今天她很幸运，遇到了神灯王子，只要摩擦爸爸肥肥的大肚腩三次，神灯王子就会出现在她面前。

“真的喔？”小妮子的眼睛亮了起来。

“真的。”我笑着说。

“太好了！”她迫不及待地伸出小手。

“等一下，”我急忙制止，“神灯王子一天只能出现一次哟。”

她点点头，立刻摸摸我的肥肚腩：“好，神灯王子你快出现。”

天气晴朗，颐和园的山水如画，神灯王子颤颤巍巍地现身:“你找我？小丫头！”

女儿眯着眼睛笑了：“你是神灯爸爸。”

我摇头：“你错了，我平时假装是你爸爸，真正的身份是神灯王子。你有什么愿望？”

“我走不动了。”

“没问题，我可以带你到任何一个地方，不过，因为我当爸爸太久了，今天只剩下一百步的法力。”之后的画面，你可以想像，一个胖胖的爸爸背着不算太轻的小女孩，走在颐和园的山水间，虽然画面可能不太协调，可是直到现在，我仍觉得那份记忆很美。

克服、化解紧张的人际关系

孩子上小学后，角色扮演也是帮助孩子克服紧张的人际关系、练习发问的好方法。

女儿的班上，每人都要准备一张电话卡，遇有紧急事件时，可以打回家求援。没想到，开学才一周，她的电话卡就用光了。

“难道你没事就在学校打电话？”

她摇摇头，说是电话卡被同学借去打了。

“他说明天会把钱还我。”这个明天一拖，就是天长地久，而且不是一次，我们每回帮她买新的电话卡，没多久，她就会回来禀告，电话卡的钱又用光了，因为同学又借去打了。

“这样不是办法，你要跟他说，请他自己带。”

小妮子摇摇头：“我不敢，他好像会打人。”

小朋友之间的事，总不好由家长出面；可是要怎么委婉拒绝同学，却又不伤了彼此的友情，假使没有处理好，小气鬼、见死不救的标签，说不定就此跟着孩子。

用一个晚上的时间，我扮同学，她演自己。

“同学、同学，我要借电话卡。”

“为什么？”

“我很想爸爸，我要跟他说我爱他。”

“爱来爱去的话，等你回家再说。”

“那……我要爸爸下课来接我。”

“你爸爸有忘记来接你过吗？”

“没有，但是今天说不定会。”

她笑嘻嘻地说：“好啊，如果你爸爸今天忘了来接你，我就帮你打电话给他。”

“你是我的好朋友，你不借我喔？”

“我的被你打光了呀，对了，老师那里也有一张卡，要不要我帮你借？”

练习过后，女儿顺利摆脱恐怖的电话卡杀手，也没有让友谊产生裂痕。

随着孩子年纪越来越大，我们在家还练习过：

两个好朋友都要我选一边站，从此不要理对方，我该怎么办？

老师叫我管同学，可是我不敢管（或不会管），我能怎么处理？

遇到同学示爱，我该怎么回答？

有个男生老是来缠着我，我要怎么拒绝他？

遇到上述种种状况，家长冲到学校不是办法，拉孩子练习一下状况剧，正好有多余的时间，让他思考怎么做回应，再和孩子讨论多种解决的办法，分析不同的反应可能造成什么后果，再由孩子从中择取最恰当的处理方法。**多练习几次，孩子的临场反应就会越来越好，他们会发现，处理危机，最怕的是手足无措，而幽默的方式，往往有四两拨千斤的功效。**

放下武装的大人面具

和女儿扮过的几个角色，都是我们父女间的秘密。我有一只魔手，常出现在她生气的时候，只要魔手一挥，非得呵痒呵到她笑为止；也会有一位太空舰长，适时出现在塞车途中，只听太空女王的命令；她和同学吵架了，我也能变身为她的好朋友小菁，等着她来道歉，让她解释争吵的起因。

她不太爱吃青菜，我们家的餐桌会变成童话天地，蔬菜水果都会上台自我介绍，邀请美丽的小公主当评审，说说吃了谁最好。还是不肯吃？最可怕的苦瓜就会自我牺牲，勇敢跳进笑个不停的公主胃里……

> **爸妈练习题**
>
> **设计一些情境，全家人各自分配角色扮演，再交换彼此对于问题的意见，共同讨论出解决的办法。**
>
> **孩子与同伴间的相处出现问题时，试着给他们一些时间和空间自行应对、处理，不要急匆匆地冲到学校。**

角色扮演，脱离说教的

单向传播方式，能让孩子卸下心理防线，也能让孩子以同理心，拥有关怀与包容的能力。游戏很简单，只需要你放下武装的大人面具，不必准备任何道具，发挥想像力就好。

准备好了吗？来吧，数到三变身，一二三，现在你是……

锦囊 9

领红包，学理财　富孩子养成教育要趁早

孩子的零用钱怎么花？

过年的红包钱怎么运用？

利用农历春节的时机，不妨运用些许创意，

让孩子一起动动脑，轻松学理财。

经济环境不景气，很多人节衣缩食过寒冬。对孩子而言，童年只有一次，学习可不能被萧条打败，趁此机会重新检视孩子的理财学习吧！

想培养孩子的理财观，桌上游戏是不错的选择。虽然大人觉得年味愈来愈淡，农历春节依然是孩子最期待的大事，有套历久弥新的游戏正适合过年期间玩，那就是“大富翁”。

玩大富翁学习理财观

想当年在台湾，“大富翁”可是响当当的纸上游戏，几个小毛头轮流丢骰子，买路盖房子，期待买下一条街当路王。有时扩充太快，房子、土地一处处被拿去抵押，最后沦为拍卖品，心疼得只差没有翻桌。

现在“大富翁”出了电脑版，但是我们家每年过年围炉之后，还是会把“大富翁”拿出来玩。尤其现在的桌上游戏种类多元，嫌“大富翁”太老套的话，“地产大亨”、“酒店大亨”的模型精美，“运财智多星”的股票会涨跌，“生命之旅”甚至有股票、分红的概念，还有各种竞拍物品的“上流社会”，都很适合全家大小一起玩。

当游戏玩完，可别急着散场，让小朋友想想：刚才的策略好不好？从中学到了什么？是拼命买地承受冒着现金用光的风险？还是保守过日最后惨遭付出大笔路费？还是因为机会、命运牌，导致个人成功或失败？通过游戏跟孩子讲理财观念，他们的接受度和感受会更深。

这就像真实人生，我总是这样告诉小朋友：**不管你做什么决定，事前要想清楚，事后就不要后悔，最重要的是，这是游戏，失败了可以重来，人生可不一样，失败了，你要更努力，才有东山再起的机会。**

攒钱实现的梦想最珍贵

王永庆说过，你赚的一块钱不是你的一块钱，你存的一块钱才是你的一块钱。节约，是孩子该学的品德。

记得很久以前，我曾为一艘大和号模型战舰而着迷。大和号模型精细、比例合宜，却价格不菲。父母没那种“闲钱”买给我，我决定去打工送报纸赚买模型的钱。送报要送几十户人家，天天送，刮风下雨都得去，一个月有三百多元。妈妈劝我打消念头，她认为我一定爬不起来，可是我坚持要去。现在回想起来，还是觉得很骄傲，因为那段日子，我是为了梦想在工作，咬牙苦撑，有空就去书店探望“我的航空母舰”。存够钱那一天，剖开小猪零钱罐，满手捧着零钱去书店买模型的情景，时至今日依然难忘。

我时常鼓励班上的孩子，想要什么东西，一定要自己存钱买。班上孩子的家里多半务农，周末会去山里帮忙农务，父母给的饮料钱，便是他们仅有的零用钱。尽管是这么小额的零用钱，阿成还是存了不小一笔，并用这笔钱和家人去香港玩了一趟——那是他很想去的迪斯尼乐园。回来后，他把相片给我看：“很好玩。”黝黑的脸上全是笑容。我相信。

鼓励孩子存钱买想要的东西。**存钱是一种美德，把钱花在想做的事上，是一种幸福。得来太易的东西不会珍惜，享受流汗的成果，弥足珍贵。**

零用钱，让孩子自由运用

年纪小的孩子常分不清梦想与现实间的距离；年纪大的孩子，又有太多想要的东西。逛街时，这种现象格外明显。有一次在百货公司玩具部，充满欢乐的音乐声中，突然传来一阵哭声。

“人家要这个啦！”哭的是个七八岁的小男生，他指着特价花车上的陶瓷小娃娃，站在一边的是又气又尴尬的男孩妈妈。

“下次再买！”

“你骗人！上次也说下次要买，结果都没买！”

“我今天钱不够嘛。”

“用卡片呀，你用卡片刷一下就可以了。”

“卡片也要钱，你懂不懂？”

“不懂啦，人家要这个啦。”

妈妈脸上挂不住，要男孩跟着走，男孩拉着特价花车不肯走。妈妈强行拉他，他干脆躺到地上用脚勾住花车。母子一阵拔河后，剧情来到最高潮，特价花车轰然倾倒，陶瓷娃娃成了一堆碎片。男孩妈妈这会儿得把整车娃娃买回家了。

这种场景经常在街头上演，情节也都差不多。怎么办呢？

零用钱是个好帮手，出门前，给孩子一点零用钱，让他自由运用。当金钱的使用权在自己手上时，一切都不一样了。孩子会自己去比价，嗯，五十元该买冷饮、塑胶玩具，还是玩一次气垫游戏？他也会盘算，钱是立刻花完，还是分次或留到最后使用？

孩子还会吵吗？不，他忙了，忙着想自己要做什么。

给孩子零用钱自由运用，就不必当尴尬的爸爸、妈妈，在众人面前上演亲子拉锯战。

学习转化心情，把欲望变不见

消费欲望就像只大怪兽，但是转化心情就能打败它。《美梦银行》这本童书里，有几个巫师办了一家银行，拥有银行发行的信用卡，孩子任何愿望都能成真，唯一的小小缺点就是利息较高。聪明的孩子都能看穿巫师的诡计，因为他们明白天下没有白吃的午餐。遗憾的是，世界上诱惑人心的东西实在太多了，从名牌包包到各式珍贵珠宝，怎么办？

班上有个小朋友，来自单亲家庭。她有一本小小的剪贴簿，里面贴满她最心爱的东西。那是百货公司、电视购物频道寄来的商品目录，也有一些风景照，小女孩很有心，碰上喜欢

的东西，就一个一个剪下来贴进簿子，除了剪贴还加上评语和心情，写上“我如果拥有××之后，会……”的小评语。她真的是一个很开朗的小女孩，她说那本剪贴簿是她的梦想簿，只要翻一翻，就觉得梦想即将成真。

那一年的过年，难得出现的爸爸给她一个大红包。开学时，我问她是不是把第一名商品买下来了？她笑着摇头，说自己到了卖场才发现，已经不想要那个商品了。那阵子，美劳老师教他们做纸编袋子，她把钱拿去买了许多色纸，用色纸编了一个又一个造型独特、色彩丰富的包包。

“我觉得做这个东西时，心情特别好。”所以她现在又有一本簿子，贴满了她设计的包包。我常想像：未来，她会不会变成名牌包包设计师？

流行像一阵风，有时受到同伴影响，有时被广告吸引。孩子欲望高涨时，不妨鼓励他学习转化心情，也许有别的事更能取代消费的快感。懂得转化心情的孩子，你不必担心他会成为血拼败金之王。

红包大战，今年休兵

以身作则，是父母送给孩子最好的新年礼物，像是孝顺、节俭与创意。

每次过完年，问起小朋友，人人都说拿到了一大笔压岁钱；真能实际使用的孩子，不到一半。

“都被妈妈拿去了。”小朋友忙着告状。

“爸爸说要留下来缴学费。”另一群愤愤不平地说。

其实，大人也有一肚子苦水呀，父母要包红包给爷爷奶奶、亲戚好友的小孩，大家包来包去，不拿一些回来，怎么填补?

试着和孩子开诚布公。父母的孝心，应该让孩子知道，让孩子参与对爷爷奶奶的孝敬之情，包给爷爷奶奶红包时，也让孩子参与，负责写张卡片放在里面。

经济的寒冬，亲子可以共同抵抗。大多数孩子都能体谅父母的苦心，亲子动动脑，开源节流更是全家人的事，因为有创意的生活，才能共创美好的回忆。过节的物质可以省一点，幸福的感觉可不要打折扣。

有一年过年，消费券取代红包，成了最红的话题。大人小孩每人都有三千六百元，为什么会有这笔钱？这笔钱又要怎么花？光想到这些有趣的题目，就值得在班会里提出来。当时班上的学生是小学五年级的年纪，大多知道有这笔钱，至于这笔钱的目的，说得上来的，剩不到两成。

我简单介绍了下政府发行消费券想要抢救经济的目的，让小朋友明白每个人多消费一点点，说不定就能救了街头巷尾的书店、餐厅，只要多一家店撑过这波景气寒流，就能多帮助几个就业的家庭。

剩下的时间，则换小朋友讨论这笔钱的用途。早熟一点的孩子，想买些平时只敢在心里想的梦幻商品；有的孩子比较有计划，规划了公益、储蓄和购物的三项目标；比较谨慎的孩子，打算把钱分成三十六份，一周花一百元，花到九月刚刚好；当然，有些孩子会想到妈妈，他们口径一致，表示这些钱绝对都会落进妈妈的口袋。

放学时，遇到家长，我稍稍提了一下消费券，家长急忙比个“嘘！”说是不要让孩子知道比较好。呵呵呵，家长不知道的是，消息灵通的孩子怎么可能不知道？看来孩子的顾虑有道理，家长真是太小看他们了。

不管是消费券还是礼券，试着把这笔钱当成孩子的压岁钱，家长应该尊重孩子使用这笔钱的权利，和孩子讨论，指导他们运用。一时没用完的话，父母先折成现金给孩子，让他们拿去存起来，孩子拥有支配权，去购买需要的东西，促进消费也学习消费。如果家长手头拮据，也可以跟孩子明说，这些钱真的是属于他们，所以会用在他们身上，像是缴学费、买文具、补习，或是拿来做亲子旅游。讨论时，仔细注意孩子的反应，让孩子真正感觉到钱是他们的，有主控的权利，孩子也能体会到父母的关心，不会有被剥夺的感受。

碰上经济的大寒冬，更要买个“大猪公”储蓄罐。教孩子学会存钱、学会转化、学会创意过生活，让孩子当个身心快乐的“富孩子”。

爸妈练习题

今年春节围炉，送孩子纸上理财游戏当新年礼物，并吆喝大家加入来玩游戏。

帮孩子准备自己的账户，让他为梦想而努力，陪他回忆久久。

固定给孩子零用金，交由他自行运用，并观察孩子使用的方式。

锦囊

10

五步骤改善被孤立　独孤王子、寂寞公主不上身

在群体里被孤立的孩子，内心其实都渴望拥有朋友，
却往往不明白问题出在哪里、不知道从何做起。
协助孩子找出问题症结点，并逐一突破，
重新开展同伴关系。

面容清秀，功课好，体育佳，会小提琴和摄影，他是十足的超完美小孩。在升上五年级时，他却成了“独孤王子”。上课时，没人要跟他同组，下课没人找他打球。放学后，只剩他自己孤独地走回家，那背影愈看愈寂寞。

怎么会被孤立得如此严重？我找来同学了解，小朋友一人一句，口水都快淹没操场：

“看起来很高傲。”

“爱嘲笑别人。”

“上课老是捉弄同学。”

日积月累的小事，终于在同学们的心里，烙下一个独孤王子的形象。对高年级孩子来说，这种印象一出现，想扭转乾坤，请来神仙都不见得有效。

那年我才刚接这一班，离毕业还天长地久，邀请家长到校商谈，家长摇头说："不会呀，在家都很乖。"（很多家长都这么认定，孩子回家也不敢明说。）

接着，我找他过来谈一谈，他看着我，泪水在眼眶里转呀转。

"想不想多几个朋友？"

他无言，但点点头。

"想不想改变一下？"

他想了很久，终于问："怎么改？"

对呀，怎么改变刻板印象？年纪愈大的孩子，印象愈难更改。

真实人生不像卡通。如果你看过《四眼天鸡》，一定对剧中那只时时嚷着天要塌下来的鸡小弟印象深刻。他是全镇的怪咖（指脾气很古怪），讲起他，大家都把他当笑话。幸好有一天，天真的掉下来，鸡小弟意外拯救地球，怪咖从此摇身变成人气王，镇上的人突然都爱死他。

真实世界并非如此，想扭转别人的印象，需要时间，你和孩子都要有耐性，一步一步苦心经营。稍一不慎，小小出错，又会前功尽弃。

五步骤不让孩子变冷空气

台湾儿福联盟调查发现，近六成五的学童曾因为在学校遭排挤、被嘲笑，而恐惧上学。若不想让孩子在班上被孤立、排挤，父母得帮忙。尽管化解隔阂不易，但也不是不可能，只要防范得宜，多加注意，还是能帮孩子重修人际关系课。即使当不成人气王，至少不必变成班上的冷空气。

一、调查原因，查清真相

罗马绝非一天造成，小孩坏坏的形象也不会一天就形成。先调查一下，从常接触孩子的人问起，像是学校的老师、开校车的司机。可能的话，利用班上庆生会、户外教学担任义工，听听其他同学对孩子的评判：偷人家的东西？爱在课堂上讥笑别人？老是唱反调？行为粗鲁，做事漫不经心？

如果孩子遭受的是不白之冤（如：小偷、作弊），因而造成误解，当机立断，快请老师协助调查。找出谣言的源头，澄清事实，早日让孩子的名声获得平反。如果是孩子本身的错，愤愤不平只会引起更大反感；四处哭泣，更容易制造出懦夫或爱哭鬼的形象。

建议做法是勇敢接受别人的评价，让孩子练习自我觉察的能力，把别人的指教当成努力调整的目标。

二、针对缺点，主动出击

陪孩子列出改善清单，一次针对一项指标，一次改善一样毛病，就像那个有名的故事：一个邋遢、颓废的男人，因为有天接受了一束鲜花，而开始整理桌子、房间，最后整理仪容，成功改造自己。

当然，那是讲故事，现实的目标很难一步到位，既然坏形象已深植人心，要想扭转乾坤，一样一样来吧！清单列出后，请孩子提出解决的办法：

自然老师说，你上课时喜欢到处走动，乱动别人的实验器材。你该怎么跟老师保证，不会再这么做？

阿正他们说，你老爱指挥别人，自己却什么事都不做。你能不能想一想，该做哪些改变，让同学愿意和你一起玩？

同学不喜欢和你同一组，因为你老是迟交作业，害他们被扣分。你该用什么方法，重拾同学的信任？

大家都说你不爱洗澡，身体发出臭味，所以没人想坐在你附近。你该怎么改变，才能让同学喜欢你？

能够自我觉察，才能自我克制；能够对症下药，渐次改善坏毛病，对孩子来讲，何尝不是自我锻炼的开始？

三、抬头挺胸，建立自信

即使被拒绝、被孤立，也不要孩子变成可怜虫！请告诉孩子：抬头挺胸，面露微笑，被拒绝了，也要很优雅、很坚强。接着，让孩子练习下面的几个简单句子：

“这回不行，那下回吧！”“好吧，就这样啰！”坚定的短句子可以保护孩子，在他被毫不留情地拒绝时，迅速脱离受伤害的战场。

伴随拒绝而来的，有时还会碰上同伴无情的嘲讽和捉弄。和孩子一起想想，有没有自我解嘲、反方向思考的回应之道：

被人嘲笑头太大时，“我妈说，头大的人才聪明。”

被人讥笑身高太矮时，“法国皇帝拿破仑比我还矮呢！”

人生转个弯，风景会更好。被人讥笑，也是自我成长的

开始喔！

四、转换情境，重新出发

等不及孩子的改变，怕他因为被孤立而严重影响信心？速成的方法，或许可以先让孩子参与其他活动，例如：棋社、合唱团、担任公益团体的义工、学点新的才艺。从一个彼此陌生、气氛友善的小团体再次出发，让他在这里练习交友的技巧，鼓励孩子新的正向行为：

“指挥老师夸你今天表现得很有礼貌，妈咪也很高兴。”

“你懂得分享玩具，让那些小朋友都很开心，你觉得呢？”

“这次下棋，爸爸发现你输了之后，还很有风度地说谢谢指教，你那时怎么想的？”

注意孩子在人际关系上的新进展，夸奖他，并请他把学来的方法带回旧朋友圈，试试看有没有变化。

新的活动与朋友圈，是新的契机。如果孩子又出现老毛病，可事先以暗号约定提醒他，让他记得：自己又在生气了、又在八卦了、又在瞪人了。实地多练习，渐渐就能与人群相处得愈来愈融洽。

此外，通过新的活动也能帮孩子发现自己的特质。爱迪生小时候被当成白痴；爱因斯坦更是从小就被视为低能儿，到四岁还说话结巴。结果呢？一个成了发明大王，一个是相对论的发现者。每个孩子身上都有不同的特质，化危机为转机，帮孩子找到他的特质，从特质里建立自信，把眼光放远、格局放大。有宽大心胸的孩子，自然会展现迷人的自信。

五、友谊清单，单点突破

在帮助“独孤王子”时，察觉事态有点严重，所以我陪他重新整理了一次人际关系表，列出一份他觉得班上谁对他最不友善、不友善、挺友善和友善的名单。想让全班同学同时喜欢他，肯定不容易，假如能找到几位，甚至仅仅一位同学愿意开始接纳他，就能有效降低孤立感。

他把友谊清单列好后，我发现，真的对他很不友善的，只有一两位班上的意见领袖，多数同学都在不友善和挺友善之间，友善区也还留着几个名字。看到名单上不友善区缩小，顿时令他感到班上同学并不是那么可怕，也没有那么多人讨厌他。之后的下课时间，他会主动去找友善区的同学玩；分组活动时，我也尽量安排他们同一组，终于让“独孤王子”不再孤独了。

孩子被排挤时，不要慌，和孩子列张友谊清单，重新梳理一下他的朋友圈，从那些比较容易接纳他的小朋友身上，试着重新展开友谊吧！

鼓励正义感，化解排挤风

人人都需要朋友，愈是高年级，愈需要同伴的认同。当群体在排挤某人，很多原本善良的孩子即使没加入捉弄他人的行列，为了明哲保身，这时大多也会选择默不作声。

父母应该常常主动关心孩子在校的情况（愈到高年级愈需要多加关怀），营造一种气氛，让孩子愿意开口谈校园里发生的事，才有机会在排挤刚萌芽时，就能警觉并加以制止。最重要的是，老师或家长听到这类事件时，应该鼓励其他孩子勇敢说“不”。对，是说“不”，站在正义这一方，不加入排挤的行列。

宁肯相信孩子都是善良的，善良的心能召唤出正义感。鼓励孩子勇敢，成为支持正义的力量。只要多几个勇敢、有正义的孩子，班级里就不容易形成集体排挤某人的风潮，也会降低“独孤王子”或“寂寞公主”的几率。

爸妈练习题

协助孩子查清自己在团体中给他人的印象，针对负面的部分，提出改善做法。

万一孩子受到排挤，陪他整理出友谊清单，先与容易接纳自己的同伴重新展开友谊。

锦囊
11

做家事当乐事　孩子养成责任心，父母最放心

会做家事、会打理自己的孩子，最教父母放心。
把家事当一回事，善用孩子的好奇心，
赋予他能力足以担负的家事，用游戏的方式，
不吝赞美，孩子就会乐在其中。

今天，孩子做家事了吗？

很多家长都以为，孩子只要把书读好即可，结果有的孩子功课确实顶呱呱，却连针线都不会拿。

人生不是只有读书而已，学会打理自己，更能让孩子们获得“负责”这项额外的赠礼。

比如说，让孩子做点家事，学着负担一点家庭的责任。教孩子做家事，真的好处多多。做过家事的孩子，更能体会父母的辛劳，学会感恩；而且做完家事，让人充满快乐与成就感。

动脑动手，学做家事

看似不起眼的家事，蕴藏这么多功效，所以学校的联络簿总会有这么一行：“今天做（　）家事，完成打勾。”班上的孩

子，以往多是敷衍了事地填上扫地、擦桌子之类的，老师则打个大勾，师生双方行礼如仪。

有一回我去家访，聊到家事，顺口问：“孩子有做家事的习惯吗？”

妈妈不以为然地说：“哪有，都说功课多到做不完。有时候看他在玩，催他做，他就说弟弟也没做，两兄弟推来让去，最后都是我做。”

“可是联络簿上都有打勾啊？”我不死心地追问。

“他自己勾的，”妈妈又好气又好笑，“还叫我不能告诉你。”

回到学校问小朋友，十个里有八个答案都差不多。现代家庭孩子生得少，个个都是宝，哪舍得他们做家事？

难怪很多孩子拿着扫把，腰也不弯，随性扫两下，就说：“好了。”

“扫好了，那角落呢？”

“反正又不会走到那里。”他说得理直气壮，我听得哑然失笑。

家事需要学，责任也是。在学校，每换一项扫地区域，我会让小朋友先认识扫除用具，带他们看一遍打扫环境，然后问他们："怎么做，才能做得又快又好？"

几个小孩很快就会归纳出方法，互相学习扫具用法，讨论分工区域，共同商量打扫顺序。

让孩子自己动脑想一想，妈妈和老师不要老是跟在孩子身边，留一点空间，放手让他们去做。即使是扫地、倒垃圾这种简单的工作，也要他们动动脑后再动手做。手脑并用的效果，当然比较好，能够从体力活动中学到负责，负责一件事，把它完成，是不是很重要？

把做家事变成扮家家酒

小时候，我很喜欢读《汤姆历险记》，其中一幕是汤姆的姑妈要他去刷油漆。刷油漆是重复单调的工作，而且那天的天气炎热。想起汤姆怎么做了吗？他就像个艺术大师般，拿着油

漆刷子东一笔西一笔，认真执着地对付那一道围墙，招来社区里大大小小的孩子围观。

“你在做什么呢？”果然，几条小鱼儿立刻围了过来。

“嗯，不能说，这太难了。”

“看起来好好玩，让我玩一下。”

“不行，你们不会的。”

“我会，我会，而且我这个苹果又脆又好吃，给你吃，让我刷几下。”

汤姆故作沉思状，暗自窃喜：“这……”

“也让我掺一脚吧，我的模型飞机送你，求求你，让我玩十分钟就好。”

结果，刷油漆的工作被其他孩子包了，汤姆还多了一堆零食和玩具。利用孩子们的好奇心，引起他们的兴趣，大家一起分担工作，正是汤姆的计谋。

没错，就是要善用孩子的好奇心，把孩子能力足以担负的家事，用游戏的方式交给他们，孩子便很容易乐在工作。让孩子拣菜、洗米，为家人摆碗筷，对他们来说，这是大型的扮家家酒，奖励品是等一下真的吃得到，他们会玩得十分开心。

有一回，我们举办亲子读书会，要求每家都要带一道菜肴与会。一位小学二年级的小女孩陪着妈妈做菜，妈妈觉得松饼最简单，随手教她做，打蛋汁、调口味，小女孩玩出兴

趣，烤出一大盘松饼来。

“孩子自己做的，味道可能……”孩子妈妈抱歉地说。

松饼有点硬，可能烤过头了，但因为是孩子亲手烤的，大家都称赞她做得好，一大盘松饼风卷残云般，清光了。那一晚，她成了我们口中的松饼大师，人人都期待她下回再大展身手。

后来每回的读书会，她都会主动做些点心来，手艺愈来愈好。听说现在已经会烤蛋糕和一道“保证让你们口水直流的点心”，她脸露微笑，表情满是自信。

先让孩子感兴趣，做有兴趣的事才能持久，这是让孩子承担责任的第一步。

不急着善后，自然惩罚

很多孩子希望养宠物，信誓旦旦地说，会爱“它”一辈子。可是小动物买回家不到三天，兴头一过，食物盘空了没人理，笼子脏了没人清。别急着帮孩子善后，利用自然惩罚法——不照顾小狗，当然不能和小狗玩，一天没做到，就一天

不能陪小狗玩。时常忘了做，对不起，

为了小狗好，宁可狠心送走小狗，也不能让孩子养成不负责任的态度。

对付粗心的孩子也一样。老是忘了带作业或课本回家，这是孩子的工作，也是他的责任，怎么办？请孩子自己跟老师解释，接受老师的处罚，因为这本来就是孩子自己该负责的事，你愈担心，愈帮他，他就愈学不会“记起来”。

孩子该洗的碗不洗，那妈妈也有权利不在脏兮兮的厨房里煮饭。想让妈妈开心煮饭，每个人都该把自己的事做好，否则今晚不开伙，妈妈请爸爸上小馆子吃饭，小朋友呢？对不起，今天晚上可能只剩饼干吃！

也就是说，当孩子对自己“分内”的工作不负责时，你大可不必念他、骂他，造成亲子关系的紧张，更不要过分“代劳”。对于不负责任的孩子，就让他们学着接受不负责任所带来的后果吧！

赞美，需要讲清楚说明白

有一年，我们和台北市文湖小学进行城乡交流。行程中有一天，他们要带我们参观校园。那是新建的校舍，环境当然漂亮，猜猜看，文湖孩子最骄傲的地方在哪里?

不是新建的图书馆，虽然里头藏书丰富。

不是视听教室，虽然那些器材功能先进。

文湖孩子兴冲冲带我们去参观的是——厕所。他们的厕所打扫得洁白如新，光可鉴人；有香味，听说是孩子们自己带来的精油；里头挂的画，是他们手绘的；还摆设亲水性的盆栽，“这种植物才耐得住潮湿”。

小朋友很有礼貌，很有自信，拉着我进男厕，访女厕，就是想让我见识见识七星级厕所。虽然那是他们的扫地区域，却怎么也想不透，有人把厕所当成宝。

“这是你们的家长来扫的？”同行的家长问。

戴着牙套的小女生笑得好灿烂：“我们自己扫的。”

她推推另一位长发同学说：“她是组长，放学后自愿留下来加强清洁，说要比五星级更好。”

老师把功劳全归给这群孩子：“扫地区域分配下去，我只是夸了他们几句，他们就愈做愈好。结果，厕所成了他们的骄傲，也快变成我们学校的特色。”

那次行程最让人难忘的，就是这几间厕所，每个细节都想得很周到。谁说城里孩子不能把家事做好？

当该做的工作没完成，你可以利用自然惩罚法，让孩子自己体会，“一个人没把事做好，会影响到很多人，包括自己的不便”。但是也要多在人前夸赞孩子，让他知道，你在乎的不见得是功课，或许只是他会自己折被子，主动照顾弟妹，能准时倒垃圾。

在人前夸他，明白指出他做得好的地方，孩子会知道，父母更看重的是这些小细节，他们就会持续做好，并且成为一个肯负责、有自信的孩子。

爸妈练习题

让孩子自己担负起该负责的事，不要过度“代劳”，并且让他承担没有完成的后果。

当孩子把事情做好时，记得在人前夸奖孩子，并且把值得夸奖之处明确提出来。

超高速网络时代来临　父母版本也要跟着升级

网络打破城乡差距，势不可挡，
亲子之间应该充分讨论网络安全与礼仪。
师长则可以妥善运用网络资源，建立专案平台，
提供师生共同合作学习之道。

我们学校四面环山，但学校的孩子与城里孩子相比，资讯一点儿也不落伍。跳《sorry sorry》、玩微博、设博客、疯甲虫王，用手机自拍上传博客，组公会一起攻城堡……城里孩子流行的事物，拜网络之赐，乡下孩子也能与时俱进，论起资讯的熟稔度，有时比我还老道。

像小姗，我就经常在三更半夜被她的即时通给吓到。

“老师还不睡？”

“对呀，在忙，你呢？”

“好咩，就快睡了，再见。”莫名地来，悄悄地去，事前不张扬，行后无痕迹，和李太白笔下的“十步杀一人，千里不留行”，有同等高超的境界。重点是，她才小学六年级，而且她有三个博客，两个可以公开，一个要好友才能参访，她还指

导我如何把音乐放在博客上分享。她喜欢上传自己的照片供好友阅览，心情低落时，也会把自己的心情与大家分享。

这是现代孩子最大的优势，辅以网络，他们有了足以接轨世界的能力。只要够厉害，全世界都是你的舞台。但是网络上的陷阱也多，只有聪明的“小红帽”才能看出关键，避开陷阱。例如：隐私权。

网络世界里什么样的人都有。孩子若在无意间泄露自己的隐私，随意在交友网站像是网上张贴私人资讯，等到有一天，他们变成公众人物，想担任更高职位时，这些不经意留下的“痕迹”：一张清凉的照片、一篇不经修饰的骂人文章，极有可能会乍然出现，毁了一切。

可见家长们实在应该找个时间，与孩子们谈谈：网络资讯永留传，一不小心删不完。

很多博客、网络分享都有隐私权选项，最好能让小朋友真的弄清楚，他现在勾选的“隐私”，会不会有一天反过来狠狠咬他一口？又例如任意下载别人的知识产权，算不算盗窃？如果不算，有一天他自己创作的歌曲被人下载时，他又怎么看待？这些都是很有趣的问题，值得花点时间，和小朋友好好聊一聊。

勇于向诱惑说不

前两年，一位从城里来的小男孩转学到我的班级。他很聪明，眼镜度数很深，奶奶对他很无可奈何。这孩子叫人又爱又气，不管什么课，他的表现都很好，可惜大多数时间都在神游太虚。我和年老的奶奶一聊才知道，孩子回家猛盯电脑玩连线，常常玩到半夜三更。

“真浪费！”奶奶节俭起家，心疼电费。

“真糟糕！”我心疼他的眼睛和童年时光如此浪费。

电脑游戏都有成瘾设计，这是厂商的阳谋。他们靠黏着度赚钱，贩售各种法宝吸引孩子不断上网挑战。遇到无法自拔的孩子，父母绝对要多关心、多沟通。年纪愈小，愈容易约法三章，只要好习惯养成后，知道网络是工具，游戏是休闲，能够分辨清楚，就不怕身陷其中。

什么是勇气？勇气就是勇于向诱惑说不。父母绝对要挺身而出，如果连自家的孩子都不了解，管不动，叫不听，又如何期待他长大能成为品格端正、认真负责的成年人？

教养是父母的责任，当然不能轻易放弃上天给你最美好的权利。

趁此机会，陪孩子一起玩，增加亲子时间，大家共同上线，在线上讨论，共同参与；有的父母会规定时间，强迫孩子打球运动，用玩乐替换玩乐。再行不通，把电脑搬出书房，移到客厅，直到孩子真的认清学习有学习的时间、玩乐有玩乐的节制。

在网络世界，展开亲子共学

网络充满便利性，各式应用不断延伸演变，而且还以等比级数的速度发展。我们家的 Wii，是小学四年级的女儿自己翻说明书组装的，因为她“恨不得立刻玩上一场”；我教资讯课，早几年还可以从文书处理开始，现在的资讯课，小学三

年级的孩子开机就会上网，跟同伴学来的秘技比跟我学的还多；带小朋友毕业旅行，人手一只手机，照相、录影、传邮件与发简讯、听音乐与打电动，对比我那个只有拨打功能的手机，简直就像坦克车与牛车之战。

如果你愿意，可以和孩子在网络世界展开亲子共学。你可以教一点儿你懂的东西，而孩子也会很乐于分享一点儿你不懂的东西。

像你这种“一上场就被砍得东倒西歪的肉脚级”会员，孩子一定很愿意传授一点绝招。如果可以的话，你也应该上孩子的博客，看看他跟谁交往，有什么不能跟家长说却可以公开给全天下人知道的心事。

你应该跟孩子讲讲网络上的安全与礼仪，通过网络搜索的强大功能，你很容易找到范例。例如：交网友要注意哪些事情、请教专家学者的口吻要如何，通过新闻实例的讨论，简单又快速。

转实为虚，化虚为实

线上游戏想攻城略地，赢得最后的大胜利，必须懂得与人合作。一个不懂合作的人，是很容易上战场生命值瞬间挂零的。在资讯课的课堂上，我也会着重在专案平台的建立上，打造小组共同合作学习的基础，因为网络很适合把现实的人脉网络，转往虚拟的世界学习合作。

像毕业旅行的规划，我把我知道的工具网站告诉小朋友，小朋友也有一大堆“比老师讲得更详细”的网站，分组各自找资料，研究资料和规划旅程，最后上台展现分享计划。

做过一次专案计划后，小朋友很快就清楚网络的特性，资料多不胜数，光以住宿来讲，可能就有上万笔的名单等着检阅。如何快速筛选，分辨出讯息的真伪，最后聚焦在正确的资讯上，说服其他成员。当中的沟通协调，都是他们必须具备的能力。

小朋友还可以通过网络平台讨论。许多网络公司都提供社群的服务，遇到这样的专案学习机会，我会请他们成立一个新社群。成员在网上交流讨论、分享成果，放学回到家，还能继续工作。经由这种合作学习，每个人都能发挥自己所长，为小组尽心力，小组间自然也会出现领导者来分配工作，大家遵从领导的分工模式。

专案式学习，如果好好做，够做一个学期。像我们的毕业旅行计划，从计划、与厂商接洽、再度修改计划、上台分享、网络投票，到回来出版小书，几乎花了二十周。虽然很辛苦，但是小朋友都收获良多。本来不太会用电脑的，在小组帮忙下，进步了；终日玩电脑的孩子，也终于知道“除了组公会打怪”外，电脑还有很多用途。

在家里，这样的合作学习机会更不可少，订宅配、选游乐区，找一本书，试着放手交给小朋友去做。他们端出来的成品，绝对够让你吓好几跳，毕竟对现代的孩子来说，电脑网络就像空气一样自然。

网络是福是祸，症结还是在我们手上，如果一味放任，孩子当然乐得沉迷网络无法自拔；何不花点心力，事前约法三章，事后检验成果呢？

爸妈练习题

与孩子谈一谈网络资讯流传的现状，判断个人隐私该如何保护，以及知识产权的观念。

明确订出亲子之间都同意的网络使用规范，同时创造出一个亲子共学的平台。

锦囊 13

勤读名人传记故事　孩子从中学得好品格

阅读传记，是学习品格的好方法。

为孩子挑选好的传记读物，

鼓励孩子多多阅读传记，

是学得好品格的捷径。

十九世纪四十年代，一个英国北部的小镇，来自四面八方的青年齐聚一堂，他们无视恶劣气候，默默等待他们的精神导师演讲。

他们等待的人叫作斯迈尔斯（Samuel Smiles），他接受这群年轻人的邀请，开设了一个讲座，主题内容取材自各行各业成功人士的故事。瓷器工业的玮致活（Josiah Wedgwood）、铁路工业的瓦特（James Watt）和史蒂文森（George Stephenson）、纺织工业的查卡（Joseph Marie Jacquard）等人，斯迈尔斯从他们身上归纳出：这些成功人士都拥有相似的人格特质，像是勤奋、坚毅、执着在自己的岗位等。

斯迈尔斯期许来听讲的年轻朋友，能汲取这些名人的优点，做一个正直、专注、努力不懈的人。这群年轻人也没让斯迈

尔斯失望，他们后来都活跃于英国社会，成为各个领域的精英。

几年后，斯迈尔斯重新整理讲稿，出版了一本名叫《自助论》的书。不过，斯迈尔斯大概没想到，后来受这本书影响最大的地方竟然不在英国，而是远隔重重大洋的日本。

当时，日本正处于明治维新时代，一个名叫中村正直的留英学生领队，在返国前夕得到这本书，他利用船行时间看完书，还立下志愿，要把这么好的书，翻译出来造福日本人。一八七一年，这本书真的以《西国立志篇》之名出版。这是第一本正式翻译成日文的英文书，畅销程度简直可以用疯狂来形容，单单是在明治时代，这本书的销量就达到一百万册。

换言之，在日本明治维新时代，也是日本改革最为关键的年代，全日本至少有超过百万的年轻人，通过中村的译本，听到英国讲堂上一位维多利亚时期的绅士，娓娓道来的励志名人故事。后来的故事，相信大家都知道，日本在十九世纪中后期迅速崛起……

通过名人传记学习，竟然可以拥有如此神奇的力量，这是怎么办到的？

从传记故事中找学习榜样

美国的瑞安教授曾在研究品格教育教学时，提出一套6E教学法[①]，其中之一就是典范学习（Example）。**不管是历史、文学或现实社会里，值得学习的英雄或人物典范，都可以拿来当成学习的榜样，而阅读传记就是学习品格的一个重要方法。**

以丘吉尔为例，他曾担任英国首相，带领英国人与希特勒抗衡；也靠着一支笔，写出荣获诺贝尔文学奖的作品。他还会画画，且画得还不错；他也是一名好军官，更擅长演讲，他的演讲总能鼓舞听众。感觉起来，这样的人应该一生顺遂，但是他当战地记者时曾被俘虏，也被保守党开除过党籍，参加议员选举还落选。

对于失败，他说的是："永不放弃！永不放弃有两个原则，第一个原则是：永不放弃；第二个原则是，当你想放弃时，回头看第一个原则：永不放弃！"读《丘吉尔传》，如果

---

① 美国波士顿大学瑞安教授（Dr. Kevin Ryan）提出品格教育6E教学模式：典范学习（Example）、诠释厘清（Explanation）、劝勉规读（Exhortation）、环境形塑（Environment）、体验学习（Experience）、自我期许（Expectation）。依循6E教学模式交替运用，便能掌握品格教育的精髓。

能学到他的这项品格，遇到失败永不放弃，是不是很棒？

值得学习的人不少，挑选适合的传记故事，是获得孩子们喜爱的方法之一。比方说，喜欢漫画的孩子，送他一本手塚治虫准没错。喜欢甲虫的男孩，当然要给他法布尔或是达尔文。**把对的传记送到适合的孩子手上，孩子会更乐于学习书里人物的品格，将他们当成楷模，朝成功的方向前进。**

好传记，精挑细选有门道

书市里针对孩子出版的名人传记不少，有的出版社一印就是古今伟人百选、孩子必读名人故事百册。阵容浩大的队伍摆在书架上很好看，但是真的把全套买回家，会有几个孩子肯主动拿来阅读？因此，买传记的第一要点就是：不要一次全买，别贪心，否则大部头的传记一摆上书架，造成无形的压力，反而得不偿失。

相同名人的传记，也有优劣之分，挑选时要注意。有的传记按年编史，从主角出生当天写到两腿一伸，感觉上报道详尽，其实通篇全是流水账。除非孩子要参加背诵比赛，如果不是，最好避开。

一本好的传记，应该能把主角的人生重新呈现，观看主角人物的角度，也不会一味偏颇吹捧或丑化；而是能用客观的视野，为小读者重现当年的世界，把主角生活其间的故事，搬到读者眼前，让读者与主角同悲同喜，深入角色的内心世界，感受主角下定决心时考虑的依据。读到这样的好传记，就像在看一部历史电影，有身临其境的感受。

挑传记的时候，多看几本做比较，好菜只要尝第一口就知道，好传记也是。先读几页，看看写法顺不顺；遇到两本讲相同人物的传记时，直接翻到影响主角一生最重要的大事做比较，版本优劣，一试便知。

多方取材，分享各领域名人故事

如今已来到多元社会的时代，人们不再只用学业来衡量一个人的成就，“行行出状元”的口号，每个人也都朗朗上口。然而，想要在每一个行业里成功，除了天分，还需要不断努力，这些背后的过程，孩子们看到了吗？

孩子都喜欢偶像歌手，追星学唱歌学跳舞，希望他们别光看明星光环的美好表象，找一本介绍歌手幕后努力的书，亲子共读。

其实，报纸杂志时常介绍许多名人的故事，碍于版面篇幅，字数通常不多，如果遇到很棒的故事，很适合介绍给孩子读。我曾经遇过一位故事妈妈，她以讲名人故事闻名。她说，名人的故事好找，而且杂志也经常报道，可惜的是，适合成人阅读的报纸杂志，小朋友通常不会特别留意。

“我讲名人故事呀，没想到大受欢迎。”她很得意地说，还扬扬手上的杂志。此时，我已经想像得出来，她再一次站在台上，享受几十个小朋友围在身边的满足景象。

鼓励阅读，要懂推销之道

绝少有小朋友会主动读传记，至少我就很少碰过，但是孩子都喜欢听故事。当你想推荐孩子读传记的时候，别忘了身为父母的权利。记得先睹为快，找到心仪的对象，用一种很快

乐的心情，分享几则轶事，包你成功推销出去。真的，我每回讲到伽利略觉得上课无聊，只好盯着天花板发呆，却因此发明了脉搏计时的故事，总能赚得孩子们快乐的笑声。还有，讲到日本人鹿野忠雄漂洋过海，来到台湾找长臂金龟的事，再皮的男生也会睁大眼睛，急着想知道后续发展。

没错，传记不同于其他故事，讲的是一个人的一生。人生必然要面对挑战与困境，有的乍读起来乏味，必须细细品味才能有所体会。只要师长多花点时间，孩子们就能认识一位生命里的好导师，花时间想方法来引导孩子，绝对是必要的投资。

对于年纪小的孩子，先挑选名人一生当中比较有趣的故事，说给他们听。年纪大一点的孩子，或许要帮助他先了解书里的背景资料，读起来比较不吃力，容易理解。初高中的孩子，功课多时间少，读不了太多大部头的传记，先找一本合集来读，每篇三五千字的故事，一天读一位，花不了太多时间，却能快速与传奇人物相会。正由于每篇人物故事只有三五千字，写的多是较重要的大事，真遇到想要研究透彻的对象，再把他的完整传记找来好好拜读，既深入又节省时间。

阅读传记，是学习品格的好方法，挑对好的传记，是跨出品格学习的第一步。慎选好书，想办法把它推销到孩子手上，相信这些人物都能成为孩子终身的精神导师。

学得优良的品格，成为正直的好人，读传记，此其时也。

爸妈练习题

事先观察孩子的喜好、兴趣，再为孩子挑选适合的传记。

从读过的众多传记故事里，请孩子分享印象最深刻的内容，或是想效法的对象。

锦囊

14

联络簿妙用多　孩子的童年时光尽收藏

轻薄的一本联络簿，妙用可大着！

善用它，可以教孩子从功课中学会规划时间，

学会为自己负责，培养好品格与毅力；

而孩子的童年时光，也就收藏进这些小小的簿本里……

小时候没有联络簿，那个年代也没有电话，在学校犯了规，老师想跟我妈告状，得等到家庭访问那一天。乡下人家农事忙，老师真的来了，也找不到妈妈；那时候淘气的事做了不少，却很少被我妈发现，原因不外乎亲师沟通不方便。

现代的老师，有手机、电话加持，家长随传随到，联络簿还能上传到网络，孩子想捣蛋，门儿都没有！

确实，联络簿是家长与老师联络的利器，随着每人用法不同，它的造型、功用也有很大的差异。单以纸本联络簿来说，除了写日记、成语造句，有的还加上每日学英语，每天记录学习心得、古人名言……看起来就像变形金刚，任意组合，功用万千。然而，不管联络簿怎么变，最主要的功用还是免不了：

1. 交代孩子的功课，像记事本。

2. 反映孩子的学习状况，像记账簿，记录孩子成绩的点点滴滴。

3. 亲师间的沟通联络，类似留言板的功能。

家长天天签联络簿，若能懂得善用联络簿，还能让孩子成绩、品格大进步。

一妙：培养时间规划的能力

每次翻开孩子的联络簿，你会先注意什么？据调查，多数家长会先看孩子今天有几项作业、能否独立完成。唉，一提到写作业，是许多孩子与家长心中永远的痛。

我曾教过一位小女生，为了写作业，天天和妈妈斗法。只要妈妈不注意，她就分心去做自己的小创意，像是写作业时，突然想到小兔子还没喂，就去喂兔子，结果作业拖到晚上十点还没写。或是数学算到一半，发现题目在讲面包师傅烤面包的时间运算，勾起她好久没做松饼的回忆，她便放下数学习题，快快乐乐去烤松饼。当然，作业全部都没写，然后隔天给我送上一盘松饼。

这样的孩子为数不少，学习很没计划，又不会安排时间。想让孩子学习规划时间，从联络簿开始下手吧！

低年级孩子回到家，父母先陪他看今天作业有几样、哪一样要先做、哪一样可以慢点做，做作业若能分清楚先后、轻重缓急，就能从中学到执行计划的能力。升上中、高年级，作业量变多了，除了抄抄写写，有时还有背诵、阅读、做家事或运动。假设有一天的功课是这样：

- 背两首唐诗。
- 阅读二十分钟的课外读物。
- 做二十道数学习题。
- 帮妈妈做一件家事。

不懂得规划时间的孩子，可能就先老老实实地背唐诗，喔，花了二十分钟；再读二十分钟的课外书；然后再用三十分钟算数学；等到筋疲力尽了，还得帮妈妈拖地、做家事。

相反，一个懂得规划时间的孩子，早已经在心里盘算过：可以边背唐诗边帮妈妈拖地；算完数学就该吃晚餐了；阅读，当然就放在晚餐后当成休闲活动。

同样的作业，有人轻松愉快，有人愁眉苦脸，差别就在这里。

时间规划与活动安排的能力，可以从翻开联络簿时开始练习。作业天天有，逃不掉，正适合天天来练习时间与活动规划的能力。父母先陪孩子练习，次数多了，这项本领就养成了，到时还怕孩子写不完功课吗?

二妙：培养负责的态度

有一回，我请小朋友分组带自然课要用的蜡烛，因为怕孩子们忘了，还请他们抄在联络簿里。第二天，课堂上要做实验了，结果全班只拿出一根可怜兮兮的生日蜡烛来。

“不是抄在联络簿里了吗？”我问。

有个男孩子回答：“我妈说家里没有了，”小伙子连忙拿出一样东西，“但家里有手电筒。”

"我们家那边没有杂货店。"

"爸爸说太晚了，叫我等一下跟同学借。"

我只好回头问唯一带生日蜡烛的小朋友："你去哪里找的？"

她笑嘻嘻拿出七八根小蜡烛分给同学："回家时，经过蛋糕店，我向店员买的。"

对啊，放学路上明明就有蛋糕店、五金行，为什么不顺路买呢？说穿了，孩子们抄联络簿是一回事，完成使命是另一件事。没把事情放心上，到头来，老是要父母"三更半夜找超市买老师规定要带的东西"。不把事情放心上，其实就是没把它当成自己的责任。父母这时更应该善用联络簿，培养孩子负责的态度。

孩子必须为自己的事负责，他当然可以一回家就先玩，玩到三更半夜才想到作业没写，想到该带的东西还没准备。如果你一时心软，怕他被处罚，三更半夜为他出去买材料，看起来是很伟大，万一买不到，说不定你还责怪老师不早点吩咐。大多数老师都知道，学校规定要带的东西不能太难找。现在的课程强调从生活里找学问，老师不会在冬天时要孩子去找春天的花，那为什么家长常得半夜上街去买东西呢？

原因很简单，孩子没把"自己的责任"放在心上，家长又舍不得孩子被处罚，最后只得在午夜梦回，被孩子的联络簿吓得一脸“青”。

试着让孩子为自己的事负责。那是孩子上课要用的东西，他必须早点说，不要晚上才跑出去找；即使他要跟同学借，也必须利用晚上先打电话跟对方确认。每天临睡前，要再次核对联络簿，整理自己的书包。**说起来都很简单，但是能够每天做、自己做，就是负责态度的展现**。

三妙：培养好品格

“贵子弟今日与同学争吵，请家长多督促！”翻开联络簿，不知道你会不会怕看到老师写这样的字句。有些家长很讨厌老师写红字，认为老师爱告状，老是挑剔自家的孩子。

“他在家里很乖呀。”很多家长都是这么说。

其实，老师天天和孩子生活在一起，最了解孩子的学习状况。有时，小朋友表现不佳，老师写几句话向家长反映，目的不外乎希望亲师配合，孩子学习愉快、品格优秀。

我本身是老师也是家长，有时看到老师的留言，不管好坏，我都会很感谢老师能在数十位孩子里，注意到我们家的孩子。假如老师写的是好话，我会夸奖孩子，让孩子保持做好事的荣誉心，期望他能持续下去。要是老师写孩子表现不好，像是与人吵架了、上课不专心，我会问孩子发生什么事。听完孩子的感受，再和他讨论该怎么做，才能避免同样的状况再发生。

我也会把亲子讨论得出的结果和解决方法，写在联络簿上给老师看，并在几天后主动询问老师，孩子的行为有没有改善。有则加勉，无则改之。如此一来，有坏习惯的孩子，在家与在校都有大人督促，自然而然会减少再犯的概率，渐渐朝良善去发展。

联络簿就像一扇窗，通过这扇窗，父母能看到孩子在团体生活的那一面；同样，老师也通过联络簿在观察孩子，并在他们需要帮助时，扶他一把。

四妙：培养毅力，习惯成自然

联络簿上要求写成语造句，一天学一句，六年十二个学期下来，足足学了一千两百个成语，造了一千两百句。

联络簿上要求孩子写短文，即使一天只写一百字，六年十二个学期下来，小朋友就练习了一千两百篇短文，写了十二万字。

一日又一日，滴水穿石的功夫，讲一百遍给孩子听，他们可能听不懂。拿一本联络簿给他们看看，毅力与收获全在这本薄薄的簿子里。

什么是毅力？

道理很简单，不过就是把一个句子造好，然后再造一个句子；把一篇短文写完，再写一篇短文。毅力也最难，怎么维持相同的水准直到期末；怎么通过一次又一次的练习，最后修得正果。

来读孩子的联络簿吧。

联络簿乍看不起眼，不过就是一本簿子，可是上头有孩子练习的痕迹，有他们学习的记录，有老师眉批的字句，也有家长日日签章、与老师沟通的过程……说起来，几乎就是孩子童年的缩影。还有哪个本子能保留住孩子日复一日的写写画画、你与师长通过笔仗交谈留下的记录？

每到学期末，我的班级都会有一节课，专门让孩子翻阅自己的联络簿，挑出两三个最值得回忆的日子，上台与大家进行分享。

那堂课，叫作回忆，叫作成长，也叫作幸福。

我会请小朋友把联络簿收好，不管搬几次家，到多远的地方，偶尔回头看看这本簿子，童年就在这里面，而且千金不换哪！

爸妈练习题

学期末，请孩子翻阅联络簿，挑出两三个最值得回忆的日子，与家人分享。

妥善收藏好孩子的联络簿，作为日后亲子间回忆童年的时光机。

锦囊

15

亲子共游，边玩边学　保证时时精彩、处处惊喜

“暑假时，我们全家去湖边玩水，我还爬到树上摘西瓜给大家解渴。

我的暑假过得真开心！”

要是暑假都过了一半，你还让孩子宅在家里的话，

赶快安排一趟亲子之旅吧！

窗外白云游过蓝天，几许凉风溜进办公室烦闷的空间。暑假转眼就过了一半，孩子是不是还待在家里当宅男宅女？想想真是对不起他们，那就赶紧安排几天休假，带孩子一起去户外探险吧！不管去哪里都好，反正就是离开熟悉的空间，让孩子用不一样的眼光看世界。

大手牵着小手出去玩，学习从室内延伸到户外，空间瞬间扩大。解放才艺和课外辅导无所不在的压力，不管是白天或黑夜，那是二十四小时不间断的充电。而且只要多花一点儿巧思，平淡无奇的旅行会像变形金刚，变成快乐、富足的户外教学！

行前说明会，学习效果加倍

准备出发了吗？先办个行前说明会吧！开会前，先让家里的大大小小知道：全家要出门度假，时间大概多长、可能去什么地方，给家人一点时间分头找资料。开会时，每个人都应该发言，提出具体的要求：最想去哪个景点、最想吃什么美食、最想参加什么活动。年纪小的孩子，父母可以用选项让他们挑选，像是“去动物园，还是去海洋公园好？”

孩子有孩子的兴趣，对父母有吸引力的地方，孩子不见得想去。这时就需要一点妥协，让彼此有点弹性。如果是真的非去不可的景点，孩子又实在提不起劲，父母就该变成最佳的导游兼演员，提高孩子的兴趣。

有一年，我和太太想去桂林旅游，想着桂林的山水多美啊，但是那年读小学一年级的女儿没兴趣。太太负责跟她说故事：桂林有只大象，和山一样高，天天在河边吸水，这回去旅行，我们会搭船去看那头大象。

“要是撞到大象怎么办？”

“不会，我们会很小心的。”太太笑着说。

那次去桂林，一共玩了六天。不管天气有多热，女儿都维持高昂的兴趣，期待与大象见面时刻的到来。旅程最后一天，她终于见到十几层楼高的大象，静静立在漓江与桃花江汇流处。

“真的有大象耶！”女儿好兴奋。

那座美丽的象鼻山，满足了女儿的好奇心。善用好奇与营销手法，会让小朋友愿意坚持下去，忍受酷热与长途跋涉，结果揭晓时，哇！又是另一番惊喜。

随着年纪渐长，稍大的孩子会渐渐排斥家庭出游，宁可跟电动、同伴一起玩。假如把行程、预算交给他们设计，孩子反而会变得很主动。遇到孩子的设计出现盲点，就在会议时一并讨论，让孩子学会更精准合理地控制预算、安排行程。比方说，我们家每次出游，还会定个小主题，今年的日月潭步道之旅结束后，即将展开的是南台湾建筑之旅。若是有个主题，玩起来便更加精致、有深度。

全副武装，配备升级

出门前，事先为孩子准备一张地图！大人会看地图，也负责掌握地图，因为大人要开车、找路。晾在一旁的孩子一路无聊、发呆，或是在车上打电动，偶尔问一句："现在到哪儿了？"更常听到的则是："还要那么久喔？"开车的司机爸爸都快累死了，他们还一副事不关己、嫌你开车太慢的样子。

把地图交给孩子，换你反过来问："现在到哪儿啦？"

开着开着，你还可以更“狠”一点：“还有多久才到啊？”孩子必须会看路标、算距离、判定方向，还要仔细寻找路边稍纵即逝的景物当目标比对。要是拿的是公车、火车时刻表，那就更精彩了。

从小学会看地图，学习当场变立体，历史和地理就像3D影像一样呈现。这一切，仅仅因为多了一张地图。

孩子对导览机也很有兴趣。解说员的讲解再精彩，孩子因为年纪小、个子小，碰到人多的场合，常常只能望着前头大人的屁股兴叹。好不容易挤到前面，也不容易专心，这时最适合租台导览机给他，好的导览机可以配合定位自动解说，听一遍不过瘾，倒带再听一次。每回去看展览，我们都会租用导览机，爱看哪幅画就听哪幅画。人多的地方先绕过去，悠游自在，看女儿听得津津有味的样子，心里就满足了啦！

另外，现在数码相机相当普遍，不像以前装底片的传统相机，一卷只有三十六张，拍完还要冲洗。有了数码相机，谋杀的只是记忆体。出门在外，遇到不认识的花草、蝴蝶、昆虫，

让孩子先拍下来，回家再去图书馆查图鉴，就是最棒的学习。

想知道孩子眼中的世界是什么模样？找出家里的低阶相机（就是弄坏也不会心疼的相机），装进孩子的背包就对了。

孩子出门，当然要有自己的背包。里面装什么呢？首先，放大镜、望远镜都要有。放大镜适合孩子拿在手里把玩，有了放大镜，无论看到什么东西都会很仔细。还有，素描簿也需要。坐在餐厅等上菜怕无聊？坐在凉亭吹风怕无聊？有素描簿就不会。看到一只花纹特别的昆虫、看到一颗奇形怪状的果实，都可以让孩子停下来慢慢画。只要携带的配备够充分，孩子的收获会更多。

保持弹性，惊喜连连

虽说订好了计划，但别忘了计划是自己订的，不用被老板考核，当然可以改来改去（除了飞机、火车时刻不能更改）。旅途中，孩子指着一片花田说漂亮，你说，该不该让车子转个弯，下车去瞧瞧？保持适度的弹性，旅游的意外之喜将不胜枚举，回家之后，最让大家怀念的，常常是这些意料之外的惊喜。

有一年，我带整班学生去台北剑潭参加研习。有一天晚上没安排活动，除了留在旅馆里打枕头仗，还可以做什么？

“去淡水好不好？”我问。一大群乡下来的小毛头当然都说好。于是，我很勇敢地带他们搭捷运。当时遇到下班时间，捷运里挤满了人，孩子们一个拉一个，竟然全都上了车。更神奇的是，还一个不丢地下对了站（上车前，有先演练过没坐上车或下错站时，该怎么求救）。

出了捷运站，淡水正下着倾盆大雨，我们全挤进一家茶馆，听着雨声欣赏淡水河的夜景。一个白发老爷爷帮孩子画速写，服务小姐很好心，送小朋友许多茶点。虽然没真的逛到淡水小镇，却也“掉”进茶馆里，多了一段浪漫时光。毕业典礼时，孩子们上台致辞，最怀念的赫然是那段没逛街的淡水之旅。

所以说，出门玩，不必急，慢慢来，收获更多。

省思与回顾，学习不落幕

爬完山，登了顶，除了快乐的合影外，问问孩子：上山途中看到什么？有什么收获？路上很累时，可曾想过放弃？坚持到底后，又有什么想法？

每段旅行都是一种生活体验，体验完后，都该有段沉淀的时间。让孩子自我探索，一路上，他们能不能坚持到底？当下的决定如何？能不能静下心来观察四周，找到自我的乐趣？

懂得自我省思的孩子，能积累更多成功的动能。

回家后，冲洗几张有代表性的照片出来，容许孩子把照片剪剪贴贴搞破坏，请他们做一本旅行的手工书。年纪小的孩子，父母就陪着一起做，补上几笔手写感言，配上几张沿路速写，再把旅行时收集到的地图、纪念戳章、车票等战利品贴上，别忘了加一张美美的封面，保证孩子爱不释手。这可是独一无二、你们家才有的旅行记忆。你们共同创造了它，每回再翻开，肯定都让你们回味再三。

如果暑假还剩一半，好好把握亲子共游这种美好的权利，为了孩子，更为了自己。因为陪伴孩子成长，我们的童年又重来一次，这次我们比当年更成熟，但是心态比当年还快乐。

光想想就感觉这么棒了，赶快带孩子去旅行吧！

爸妈练习题

激发孩子的好奇心，并交付孩子足以承担的责任，让亲子共游变成边玩边学的创意之旅。

与孩子一起在行前设计妥善的计划，出发时携带充足的配备，旅程中则保持弹性，不见得要照表上课，反而会有意想不到的惊喜。

锦囊 16

爱上运动，重视健康　是幸福人生的开始

健康很重要，运动有助于健康。

诱导孩子多做运动，

培养孩子运动的好习惯，

等于送给他一生受用的礼物。

星期天傍晚，公园里人很多，或走或跑或放风筝或溜直排轮，当然也有不少人就坐在草地上。我们一家人散着步，走了一圈后，有对父女的身影非常吸引我。

他们在玩棒球，很简单的传球和接球。下一圈经过他们身边，女孩投球，爸爸当捕手。小女孩只有十岁左右，侧投，投球的水准看来颇高。偶尔，捕手爸爸停下来，走上前，轻声跟孩子交代些什么，边比画边讲，神情轻松，应该是叮咛女儿投球角度，或是跨步幅度之类。女孩点点头，思索一下，照着比画一回，捕手爸爸满意了，这才回去。那个画面很温馨，就像职业棒球选手在球场上讨论一般。

好喜欢这画面！

亲子一起运动，创造美好时光

捕手爸爸是职业棒球选手吗？不然，怎能调教得如此有模有样？但是看捕手爸爸矮胖的身材又不像，身上穿的还是某家电机工厂的制服，看起来就像是下了班，父女出来玩投接球的感觉。

小女孩是参加女垒队吗？否则怎么会这么认真？但是看她投球的姿势明明是棒球，而且附近没有女子棒球队呀！

我按捺不住满心的好奇，等他们休息时，跑去和捕手爸爸聊聊。

捕手爸爸笑得鱼尾纹都跑出来："没有没有，就只是带她来运动运动。"

"你打棒球？"

"爱看职业棒球啦！"

"令千金是棒球队的？"

"她也爱看职业棒球，去年参加冬令营，学了几招，有空就练投。"

捕手爸爸笑笑，"你们玩不玩？"

嘿嘿，机会难得，岂有不玩的道理。那个星期天，我和女儿也学了几招侧投，虽然不成气候，却流了一身汗，赚了一个快乐的午后。

运动真好，亲子一起做运动，更好。

我想，每个爸爸妈妈都曾有这样的念头，带着孩子传传球，到篮球场上斗斗牛。但工作总是很忙，腾不出时间。请不要再错失这么棒的亲子美好时光，毕竟孩子的童年只有一回。

孩子平常喜欢什么运动？和他聊聊。

带他去看场比赛，买些球具给他。**我们的目的不外乎希望他们喜欢运动，愿意离开电视、电脑，把时间和精力花在运动上，保持身体健康。**是的，是健康，而且远比上学重要。

出去运动，别做沙发马铃薯

最近有一则新闻，报道国内肥胖的儿童日益增多，追究原因不外乎是父母舍不得孩子做家事；或是因为科技发达，电视有遥控器，电脑游戏很吸引人，结果孩子们活动的机会变少，多吃少动，学童自然肥胖。

大家都知道，肥胖不好，容易产生心血管疾病。拥有健康的身体，其实比会读书更重要，如果孩子不爱运动，或者没有场地可以运动，甚至找不到时间运动，我们下一代的健康就

令人忧虑了。

在台湾乡下，孩子们骑车、走路上学。学校游戏的空间也大，下了课，孩子操场跑一圈，楼上楼下走一遍，活动量大，运动量也够。

城里的学校，人多空间小，下了课，走廊、操场人满为患，不爱动的孩子乐得缩回教室。就这样上学坐八小时，放学再去托管、才艺班坐三四个小时。回家后，天都黑了，想去慢跑，路都看不到啰！

那该怎么办？别担心，大多数的孩子都喜欢玩。如果他说喜欢看电视，那就表示他真的无聊到发慌，简单的说法是：他找不到玩的方法与去处。

运动，其实就是玩，带孩子享受流汗的快乐。给他一个球，他就会自得其乐地玩；带他去一块草地，他就会在上头跑跑跳跳，只要你愿意花点时间陪陪他，就能让他动起来。

呼朋引伴，相招来运动

运动要有变化，独沽一味，玩久了难免乏味。就像餐厅的菜单一样，总要随着季节更迭，推陈出新吸引顾客。所以，想让孩子们爱上运动，而且维持高昂兴趣，运动项目就得不定时更新。在孩子还没发现自己的兴趣前，多方鼓励，多样尝试，最好每项运动都玩一玩。有些孩子喜欢球类运动，有些孩子着迷水上活动，轮流更替，保持诱因，说不定，还能乘机发现孩子们的兴趣与潜力。

不过，运动项目这么多，父母虽然是最好的老师，却不可能是万能的教练。放心！亲朋好友、社区邻居，甚至公司同事，都是可以求救与扶持的伙伴。有一个好方法，就是找到志同道合的家庭伙伴，两家的孩子年龄相仿，便可以约了一起打打篮球、爬爬山。更好的是，你找的伙伴愈多，能够交换的运动人才就愈多。有的爸爸会羽毛球，有的妈妈擅长游泳，有的爷爷踢毽子很在行。总之，扩充了人才库，就能易子而教，你和孩子都有更多的收获。

因此，周末不见得要出远门，家附近的学校、公园，甚至中庭广场，都是很方便利用的场地。再说，运动就是要大家一起来，一起玩，方便有趣，才能长长久久。

运动有方，身体不受伤

运动的目的，是让孩子拥有健康的身体，而非要每个孩子都变成运动选手。孩子能够体会运动的乐趣，就会愿意不断地“玩”下去。小心，运动也不能过量，并且注意正确的运动姿势，千万不要勉强，造成运动伤害，那就得不偿失了。

开始运动前，让孩子先做暖身操，即使只是简单的跑步，也要他们先动动膝盖、抬抬腿、拉拉筋。运动量要循序渐进，鼓励他们自我挑战。今天跑一圈，练跑一阵子，再加个一圈，进而养成一辈子运动的习惯。只要他们愿意来动一动，总有一天会达到你心目中的标准。

此外，有些运动，像游泳、网球、武术或溜冰等，需要比较多技巧，找不到熟人交换学习，也要慎选教练。好教练能从孩子的姿势中，知道出了什么问题，并提供专业的建议，更能提高孩子学习的乐趣；相反，有的教练迷信高压统治，相信棒子底下出高徒，你把孩子送过去，反而扼杀了他的学习兴趣。所以选择一个好教练（不妨先四处打听，甚至先旁听几堂课），协助孩子调整好基础阶段的姿势，有了良好的基础，运动起来比较有自信，兴趣也就高了。

随时随地都能运动

我们家女儿只爱阅读，不爱动，要她动一动，比登天还难。一提起要运动，她怕怕；约她去书店，她倒很乐意。从我们家走到书店，来回约莫一小时，书看了，身体也动了，倒是一举两得。

我的后车厢放了脚踏车，不管去哪里，女儿都可以立刻骑上“铁马”，认识当地风土民情。家里的车小，摆不下三辆脚踏车，幸好台湾现在风景区租车方便，到了当地，我们租车和她一起骑，有时兴起，女儿骑车，我们跑步，也很快乐。

飞盘、棒球和羽毛球也在车厢占据一角，全家出游时，发现有空地，哪里都能玩。有一回，在高速公路遇到大塞车，临时下出口，就在路旁一所小学的操场上打起羽毛球。去露营，简易的运动器材有呼朋引伴的妙用，原本互不相识的几户人家，玩玩球，一下子就熟稔起来。**由此可见，随时随地利用简单器具做运动，就能增进亲子关系，或是当作友谊破冰的工具。**

住公寓的人，运动时担心吵到邻居，走楼梯是不错的选择。有研究指出，爬十分钟的楼梯，可以消耗二百五十大卡的热量，大概是快走的六倍，所以我们回家向来都走楼梯，不但运动，还顺便节能减碳。

爬过家附近的山吗？换个角度登山，你试过没有？离海边近的话，去沙滩上跑跑步。台湾四面环海，离山又近，绝佳的天然环境，上山下海都方便。假日时，实在没理由和孩子窝在家里看电视啊！

偶尔有笔小财入账，像

爸妈练习题

利用周末的时间，邀约孩子到户外从事运动，并且尽可能尝试多种不同类型的运动。

建立家庭运动伙伴的制度，彼此相约做运动，让运动的好习惯变得天长地久。

稿费、加班费，尽管数目不大，除了打打牙祭，也买几张游泳券，一样的庆祝，身心更健康。

比起催孩子读书、写字，运动更能促进亲子关系，养成良好的运动习惯，是奠定孩子一生幸福的基础。看到这，不如先和孩子相约去运动吧！

第三章

为孩子的语文力加油

03

锦囊
17

与古典文学做朋友　一举提升语文能力

古典文学是提升语文能力的一大利器，偏偏古典文学的字多又难。

分享精彩悬疑片段、和孩子一起去看戏，

甚至效法说书人，每晚来个床边故事……

要孩子不爱古典文学，也难。

二〇〇一年大陆高等学校招生统一考试，考出了一篇满分作文。那年的题目是谈诚信，同样题目若让台湾孩子来写，大概不脱《放羊的孩子》说太多谎，再没人相信他的话；《华盛顿砍倒樱桃树》，因为勇于承认，后来当上美国总统。不过，这篇满分文章是用古白话文写成，取材突出，描写建安二十六年，关羽走麦城，兵败遭擒，为孙权所害。孙权将赤兔马赐予马忠，不料赤兔马竟然绝食，一女不事二夫，一马不从二主。临死之前，赤兔马还说："士为知己而死，人因诚信而存，吾安肯食吴粟而苟活于世间？"

短短九十分钟，写出这么棒的文章，是不是很不可思议？这篇文章的作者蒋昕捷，从童年起就热爱阅读古典文学作

品，像是《红楼梦》、《水浒传》、《三国演义》；尤其《三国演义》中的许多桥段，他几乎都能背诵。

此文一出，大陆的古典文学书籍一时洛阳纸贵。家长们发现，原来**想要孩子语文好，很简单，古典文学是利器；现代孩子词汇贫乏，唯一的药方就是阅读经典。**

好的古典文学，历经时代筛选，像《三国演义》、《水浒传》、《西游记》……通常不是由一人独立完成，时间更可能跨越数百年，集合众人之力，最后才定于一宗。以《水浒传》为例，故事发生在北宋末年；南宋时，天罡三十六星成了说书的话本；到了元朝，水浒故事被搬上戏曲舞台，它仍在演变；最后由施耐庵集大成，把水浒一百〇八条好汉的故事写了出来。

与历史结合，是古典文学的特色；人物个性鲜明、情节曲折、语言生动，更是古典文学美的表现。孩子阅读古典文学时，刚开始会因为时代隔阂，书写的文句较难，读起来有点吃力，此时家长若能从旁协助，相信孩子都会爱上古典文学。

以身作则，分享阅读乐趣

孩子不爱阅读古典文学，家长有责。好汉不提当年勇，

好家长不一样，反而要把当年的热情与孩子分享。

我小时候很爱看《七侠五义》，后来被改编成电视连续剧《包青天》。当《包青天》热映的时候，我光看电视不过瘾，就自己找《七侠五义》的原著来读。哇，原来陷空岛五鼠一合体，就能打遍天下无敌手，几乎可比科学小飞侠；至于包青天，日审阳夜断阴，福尔摩斯根本比不上。这是我当年的最爱，推荐它的时候，说得口沫横飞；小朋友更是听得津津有味，下了课，几只小书虫全冲向图书室去抢书。

家长想推荐孩子阅读古典文学，先从自己的最爱开始介绍。说者津津乐道，听者也很容易受到感染，因为他会想去印证你的话，体会你的快乐。

忘了细节也不要紧，古典文学值得一读再读，每一次都会有不同感受，家长重温旧梦，也是乐事一桩。

慎选版本，找到意中书

坊间改写改编的古典文学出版品很多，有的加注音，还有精美插图，也有的改编本看起来热闹有趣，认真读上几页，天哪，孙悟空大闹天宫只剩两页，九九八十一难掐头去尾，仅存金角、银角和牛魔王一家。至于其他妖怪呢，碍于篇幅，只得委屈他们留在西天路上作怪。内容删减得太厉害，优美词句不见了，人物心情转折省略了，留下的渣渣情节，让人读来昏昏欲睡，简直成了编年体流水账。

挑选版本时，家长最好多拿几本比较，也让小朋友翻翻，试读几页看看（尤其到了故事后半部分，很多改写版愈到后头愈发流水账）。慎选版本真的很重要，好的出版社、名家改写的版本，通常比较有品质保证，是挑书时的加分选项。

孩子到了高年级，不建议读改写版，挑战白话足本吧！不必强求孩子整本读完，选几段精彩篇章，就能让人读得血脉贲张。《水浒传》先读《武松打虎》、《林冲夜奔》，《西游记》就来个《大闹天宫》、《三借芭蕉扇》，直接阅读这些章节，即使遇到艰涩字句，通过上下文推敲，高年级的孩子应可轻松应付。

去看戏，书里人物跃上舞台

古典文学改编成戏剧的作品特别多，陪孩子挑几出戏来欣赏，是另一种阅读，也能促进孩子的兴趣。尤其现在的媒体素材很容易取得，大陆拍过《三国演义》、《水浒传》的连续剧，怕集数太长，就找几集来看（如：《草船借箭》、《空城计》)；怕吸引力不足，针对年龄较小的孩子，就给他看动画版、电影版。

有一年，班上小朋友读《水浒传》，读到武大郎卖炊饼，很好奇究竟是什么样的饼。有人猜葱油饼，也有人猜馅饼，故事里找不到答案，直到看了大陆的影集，他们才发现："是馒头嘛！"

"对喔，如果是葱油饼，他得挑油锅出门，可能会烫到自己。"小朋友议论纷纷，也因此得窥宋代民间的生活实景。

当年《三国演义》曾在电视台播出，我规定学生回家观看。有的孩子只看了几集，就像我当年一样，嫌电视播太慢，自己先把书读完了。读完后，天天在班上预告明天会演什么，

如果没演出来，他就自个儿从旁补充，成了小小“三国通”。

男生们都喜欢《三国演义》，尤其有线上游戏的推波助澜，对每个人物都如数家珍。趁这时候推荐他们读原著刚刚好，即使读不完全本，也可以让他们挑自己有兴趣的角色故事读（像五虎将、周瑜和诸葛亮大斗智），再慢慢增加篇幅，照样有功效。

一夜一故事，吸收更快速

孩子都上小学了，还需要听床边故事吗？其实，孩子听故事的能力，比自行阅读的能力还要厉害，拿来听古典文学正好。

古代的说书人，一天只说一回故事，目的是希望客人能够天天捧场。对孩子说这种大部头的章回小说，不贪多的话，一天说一回，孩子也会很期待。既然学校有晨读十分钟，在家就来推行晚安故事吧！一晚一个章节，即使是一百二十回的《三国演义》，四个月也就说完了。

故事时间还有另一种好处，孩子听了有问题，随时可以发问；父母也能随时做补充，传达想给孩子的观念。传承的意义就在此，不要放弃这样的机会。

怕孩子听腻，不妨在中间加点小花样，读到《草船借箭》，可以带他去夜市射射箭；读到《空城计》，可以和孩子

琴棋书画一番（弹钢琴、下象棋，还加上写毛笔和画画），看吴宇森的《赤壁》也不错，里头的诸葛亮和周瑜成了相知相惜的知心好友。

真的分身乏术的家长，给孩子听有声书也是不错的选择。名家口说讲评，可以多给孩子听，有空再换你讲，用耳学习，效果一级。

适时吊胃口，阅读好推手

如果希望孩子能自行阅读，讲故事时，当然要吊吊他的胃口，就像正牌的说书人一样，“欲知下文，烦请自行翻书寻找”。初期留下结尾不说，让孩子自己读。等到孩子阅读能力愈来愈强时，就可以你读一回、孩子读一回。

像我就会跟孩子预告：“今日讲完四十七回，庞统献出连环计；下回是四十九回，会讲到孔明七星坛借东风，精彩呀！”

孩子举手发问：“爸爸，好像少了四十八回。”

“乖女儿，四十八回你自己看，爸爸只说四十九回。”

“可是有些字我看不懂。”

“你可以查字典，也可以问我，更好的是，”我压低音量，“不懂的地方，你可以跳过去呀。”

我小时候也是遇到看不懂的就跳过，还是把整本《三国演义》看了好多遍，每一次都发现自己又多认识了好多字，多懂了好多事。所以你负责读一回，换孩子读一回，读到最精彩的地方，停一下，再朗诵一次，哎呀，那可是最快乐的时刻呢！

爸妈练习题

替孩子准备一些古典文学作品，改编版、白话足本、原文版、戏剧版皆可，让孩子循序渐进接触经典作品。

每晚为孩子念一回章节故事，或是播放有名家讲评的有声书，练习用听的阅读。

锦囊
18

作文入门有三招　轻松下笔免烦恼

孩子遇到写作文，总是一副痛不欲生的模样？

看着作文簿发呆，一个字也挤不出来？

其实，靠着作文入门三招，引导孩子提问与观察，

就能帮助孩子轻松下笔，写来得心应手。

回到家，才刚进门，念三年级的女儿泪眼汪汪走过来。心想不妙！

“爸爸，今天要写作文。”果然如此。

“很好呀。”

“人家不会写啦！”她递来一张空白稿纸，上头只有简单四个字：我的妈妈。

“妈妈天天陪着你，题目不难呀！”

“可是写起来很难……”

说得也有道理。我小时候也很怕这种空白的命题作文，再简单的题目，一看稿纸，脑中就跟着空白起来。

第一招：先讲再写，作文变轻松

当老师这么多年，我知道要打破“作文很难”的第一步，就是告诉孩子——作文就是文字在排队，一个字一个字把它们排起来就完成啦！

关键在于孩子们很早就被教怕了。大人总是把写作当成大事，苦口婆心地告诉孩子：写作文要注意起承转合，要把段落结构想好，要记得用什么开头、如何结尾。对于一个刚升三年级的孩子，人生头一回面对空白稿纸，如果脑筋还得对付这么多名词，别说他们怕，我想连李白都怕。这个年纪的孩子，如果能有条理地说出自己想说的话，那就达成基本要求

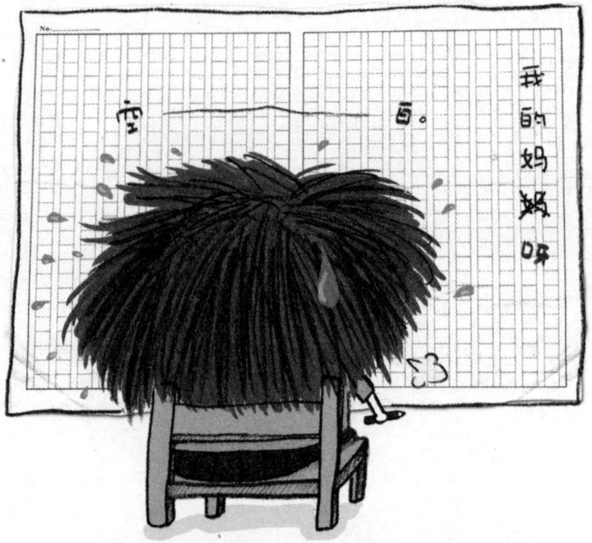

了。至于传之后世的伟大篇章，不要急，像东坡先生炖肉一样，时候到了自然香。

首先，想让孩子写得清楚、有条理，先得让他把要写的内容讲得清楚有条理。**讲话是最直接的沟通方式，讲得清楚，写出来就不会含糊。写作前先讲一遍，等于已经先在脑海中打过一遍草稿。**有些家长习惯让孩子在稿纸上打草稿，批改过后再发回去请孩子重誊。这不是不好，但是一来一往，耗费多少精力与时间？而且又让多少孩子怕死了这样的抄来写去？

讲一遍最简单！

孩子哪里讲不清楚、太过啰唆、干巴巴的不生动，大人可以立即指导；有的孩子讲到一半，不知道怎么接，我们就从旁帮忙给提示。最好的是，孩子在讲的时候，他们也在学习，他们会看听众的反应，如果大家都在笑，他知道这段讲得不错；大家都快打瞌睡了，他也会自动修正。

比方说，孩子看完一本书，常会迫不及待地想与人分享，不管你忙不忙，空下五分钟，让他把故事重述一遍。在讲的过程中，他们其实已经在吸收好故事的布局、铺陈、高潮与结尾的手法。所以常让孩子讲故事、讲别人的好文章，无形中也在观摩别人，学习别人的优点呢！

第二招：练习自我提问，文章变具体

接下来，女儿把完成的文章拿给我看，其中一段这么写：生病的时候，我好难过，妈妈很担心，立刻过来照顾我，连觉也不睡，直到我的病好了，妈妈才放下心来，真是让我感动在心。

我看完之后，先称赞她能记得妈妈的好，是懂得感恩的好孩子；但是文章内容实在干巴巴。

“你的文章很棒，不过，还有些细节要交代好。想一想，你这回生病和以前有什么不一样？”

“这次感冒，我一直发烧，全身发烫，肚子里好像有个暖暖包，一直冒汗，头发都湿湿的。妈妈喂我喝牛奶，我还吐在她身上。”

“肚子里有个暖暖包，这个比喻很优。那你怎么知道妈妈担心你？”

“知道呀，她平常晚上要上课，我生病时，她特别请假陪我，不断帮我量体温。如果温度降了一点，她就笑；温度升上去，她就皱着眉头。”

“嗯，这样就把妈妈担心的样子讲出来了。看妈妈这么担心，你有什么感觉？”

“虽然身体不舒服，可是却觉得很温暖，因为不管我多难过，都有妈妈陪在身边。”

“对啦，爱不是挂在嘴巴上，能把小地方写出来就很具体啰，你照这样去改吧！”女儿笑着点点头，回房改稿去。

写文章要具体，这是写作的基本要求。很多孩子初写作文，即使面对熟悉的人物、事情，也觉得没什么好写。即使写出来，往往千篇一律，感动不了自己，更感动不了别人。

具体功夫不难学，因为学校的写作都是先从“自己发生过的事”写起，这些事情看得见、摸得着，只是小朋友常被作文给吓着，才提笔就忘个精光。

孩子初学写作，就像学骑脚踏车，需要大人帮忙扶一把、带一下，只要蹬得顺了，大人就可以放手。

家长指导时，要顺着孩子文章的思路提出问题，指出他写得不够具体的地方。比如，他写到在九族文化村玩幽浮历险：

我发现九族文化村里的“幽浮历险”比较矮，六福村里的“急速下降”比较高，感觉却是一模一样，那种既紧张又害怕的心情，现在回想起来，那股紧张的心情又从我心中涌上来。

问问孩子，当他既紧张又害怕时，有什么动作？

九族的幽浮历险比较矮，坐在顶端时，想到了什么？

当急速下降时，心里想什么？做了什么动作？下来之后呢？

跟着孩子的思路提问，帮他填补空洞的毛病，孩子渐渐就会明白：“原来这样写就是具体，不难嘛，都是我自己经历过的事！”

“提问”多练习几次后，转而要求孩子自我提问。**懂得自我提问，自己找出文章不具体、太空洞之处，久而久之，孩子就能掌握“具体”的要求了。**

第三招：玩中学观察，情感变丰富

再回到上述女儿所写的文章，开头就是：我的妈妈身材微胖，头发卷卷的，她很幽默，笑起来有两个酒窝，骂人的时候，跟狮子一样凶。

我说：“妈妈的长相写得不错，个性观察得不够。”

“观察不够？”

“你不能光说妈妈幽默，要从日常生活里，找出妈妈什么地方幽默，才能精准写出她的个性。”

她想了想，想到两件事：“妈妈很爱讲笑话，跟她学书法的学生都要保持安静，但是她自己都忍不住，一直讲笑话，害得小朋友都在喊：‘老师，你安静点啦，我们的字都在跳舞了。’”

“这点好，还有呢？”

“妈妈的朋友很多，不管是大朋友、小朋友，大家都喜欢她。”

“这样太空洞了，你有没有发现朋友为什么喜欢她？”

“妈妈很会玩游戏，阿姨们的孩子都喜欢找她玩桌上游戏。她玩的时候比小朋友还认真，笑得比大家夸张。”能从生活小事里观察、找出特点来，就能强化人物的个性。

这种观察力，正是写作的第三项修炼。

小朋友最好奇了，原本就具有敏锐的观察力。我女儿小的时候，光盯着蚂蚁搬家就可以看好几小时，每天都忙着问：“那是什么？这是什么？”

趁着孩子的黄金童年，带他出去走走，从游戏中练就观察力。像是带孩子到公园，请他找出三片最美的叶子，练习用自己的话，形容一下这三片叶子的特征，看看谁说得好；走入林子里，用耳朵聆听，现在林子里有几种鸟儿在歌唱，学一学，这些鸟儿的歌声怎么叫？想一想，它们可能在说什么话？

鼓励孩子多问“为什么”，当他们会提问时，表示他们有在观察。

记得有一年搭船游漓江，漓江是百里画廊，两岸各是奇石怪岩，女儿问：“这里的山怎么会这么怪又这么美？”

我当然知道答案，但是我觉得让她自己找解答比较有趣。去到银子岩溶洞时，她发现了：“这里的山都是石头山，石头被日晒雨淋，最后才能雕出这种奇形怪状来。”

我让她继续往下想：“如果一直日晒雨淋下去呢？”

“最后山会愈来愈小，最后就……”她大叫：“不见了？”

我笑着点点头：“别担心，大概要再一万年，那时你已经成了王老奶奶了。”

从不同物品间能够分辨出差异，既是观察，也是写作。拥有丰富纤细的自然体验，既是观察，也是写作。法布尔、杜瑞尔这些自然作家都是从小观察宇宙万物，进而拥有一支好笔。我们带孩子学写作，同样可以从这里下手。

爸妈练习题

实际下笔前，先让孩子口述内容，运用引导、提问的方式，协助孩子完成作文的布局，修正内容不够具体、不通顺之处。

鼓励孩子时常问“为什么”，再给予适当的时间或提供相关资料，让他自行去观察，进而得出结论。

锦囊 19

亲子共读时光　让阅读变成孩子的最爱

每个孩子都有一颗爱阅读的心，

前提是要他们找到感兴趣的书。

不论是用赞美法、激将法，从旅行、剪报……去寻觅，

总有办法找到孩子的“最爱”。

近几年，阅读是王道，很多爸妈都知道，孩子从小读绘本、听故事，父母也要陪着共读。如果就此断定孩子会爱上阅读，家长从此高枕无忧，似乎又太过乐观。在教学现场，不少老师、家长反映，升上中、高年级后，有些孩子就是不爱看书，拿到文字书，没看几页，立刻跟周公点头聊天。

“也许我的孩子不喜欢看书！”他们说得理所当然，因此骤下结论。不！不能轻易投降！别急着把这句评语套在孩子身上。**心理学上有个“比马龙效应”，孩子被期望的高低，影响成就的好坏**。父母对他有高度期待，孩子就会表现出高度才能；反之，常骂孩子笨，他就会愈来愈呆。

如果你觉得孩子不爱看书，他会顺理成章地认为：“我真的不爱阅读，连我妈都这么说了。”

为了去掉这个负面效应，请先从你的心态做起，改口把这句话放在心上：“我的孩子是热爱阅读的，只要我先找到他的兴趣所在。”

天底下哪个孩子不爱阅读?

孩子热爱阅读。不信？问男孩子，他们想不想看连线游戏的破关秘籍？问女孩子，对星座书籍有没有兴趣？十之八九，小朋友都很有兴趣，他们当然喜爱阅读，只要大人先找到适合的书的话。

很多家长送孩子去补习，像是英文、舞蹈、钢琴，好像去补了习，孩子自然什么都会好了。但是一说到阅读，大家都知道重要性，偏偏孩子不爱阅读，能拿他怎么办呢？结果，部分家长的第一个念头又是找补习班，可惜目前台湾还没有出现阅读才艺班，有的爸妈因此转念把小孩送去写作班，害得本来就怕翻书的孩子，现在连写作都讨厌了。

让阅读在你心目中提升地位，绝对是首要之务。试想：小朋友舟车劳顿去补习的时间有多少？回家后

写功课的时间有多少？他们的休闲时间几乎全被占满了，哪来的时间读课外书？所以想要孩子真正喜欢上阅读，请你务必把阅读正正经经地当一回事。

先在家里替书本找个温暖的家，陪孩子一起打造适合阅读的场所。

每天挪出时间，让电视、电脑休息，请出书本陪伴孩子。

常常陪孩子去图书馆，让孩子捐几本书给图书馆，陪他参加义工活动。

每个月和孩子去书店逛逛，让他挑选喜欢的书，拥有自己的书。

甚至可能的话，陪孩子去参加读书会，不管是亲子读书会还是儿童读书会，都是接近书、与人谈书的好方法。

因为你的努力，府上将充满了书香，孩子的生活不再无趣。

如果以上几点都做了，孩子还是不肯阅读，千万别放弃，底下的方法，希望对你有所助益。

找读物，先从兴趣着手

“我们家小薇从小就爱花，校园里的每一种花，她都认识。”说这话的家长多自傲，躲在一旁的孩子，嘴角愉快地往上翘。孩子需要受肯定，可是家长通常很谦虚，人前吝于给予

掌声和鼓励。你家的孩子有什么特别厉害的长处，相信父母都清楚，因此，鼓励阅读可从这里来。

孩子喜欢跑跑跳跳，对运动有兴趣，那很好，说不定是乔丹第二，《飞人乔丹》这本书，他看了没？

他喜欢拆解东西，家里的机器都被他拆光了，恭喜你，未来的福特绝对来自府上，快去买本《福特传》送给他。

我曾经教过一个孩子，功课不好，书都看不下，却只喜欢校园后那一堆落叶，后来发现落叶堆里有犀金龟幼虫，他家那堆瓶瓶罐罐全装着他的宝。我灵机一动，介绍他读法布尔的绘本，他读完意犹未尽，把其他法布尔的书全借回家啃光光，还说长大要读生物系。是谁说他不爱阅读的？

从小朋友的兴趣去找书，多在人前称赞他，他会很高兴，觉得父母了解他，遇到相关的书籍，必然愿意花时间钻研。再多送他一本相关的书，带他参加营队，创造机会赞扬他，很多伟大的人物，就是这样一路上来的。

习惯成自然，累积阅读量

“好棒喔！他读完的书已经比他的身高还要高了耶。”亲子读书会时，有个家长这么说。大家热烈鼓掌，那个阅读等身的孩子笑得好腼腆，表情好骄傲。

对于目前还没有建立阅读习惯的孩子，可以采用循序渐进的方法，培养他的习惯。现在很多出版社都推桥梁书，一本书约有三五千字，很适合小朋友一天读一本。一天就能读完一本，会令小朋友很有成就感，把他读过的书叠在墙边做记录，加上日期、书目，就是孩子的另一种成长记录呢！这样的智慧量表，具体又简单，和挑战电玩一样有趣。

太厚的书怎么办？从每天读十分钟开始啊。一般人一分钟可以读到三百字左右，十分钟就有三千字，买个计时器或播放音乐计时，孩子在这段时间内阅读，日积月累，不知不觉读完几本书后，阅读的习惯也养成了。

激将法也很好用："十二页，我猜你今天读不完。"多数小朋友都会想试试看，然后他们会发现，不难嘛，只要几分钟就看完了呀。更好奇的孩子还会急着想知道结果，干脆就把书一口气看完。

在教室，则可以运用同伴力量，大家一起阅读。在家里，最好定一段书香时间，只要家人都在看书，再坐不住的孩子，在十来分钟的时间里，总还是能读下一些内容的。前提是，你也得抽空，既陪他，也为自己充电。

把旅行当成另类阅读

“今年的暑假全家出去玩，你来设计行程好不好？”孩子一听这种提议，少有说不好的。阅读书本与阅读大地，同样有吸引力。把周末的旅行交给孩子去规划，孩子就必须读地图、找书、上网查资料。

有一年，我带毕业班，那年恰好读到《少年噶玛兰》，因为书里牵涉到台湾宜兰的人文地理，又是古今交错的文章，小朋友很认真拿地图去找书上出现过的地名。后来我加了一本《八岁，一个人去旅行》，两书对照着看，小朋友对宜兰更熟悉了。结果毕业旅行时，我们真的去宜兰。坐火车耶！小朋友一站站细数，大里天公庙、乌石港、宜兰和罗东，每一站他们都很好奇，张大眼睛拿书中的想像和现实做对照。

乡土书籍里，与地理、历史相关的故事书为数不少，下回出游交给孩子规划行程，你当然可以要求必须是书上曾出现过的景点，玩起来会更有深度。

边剪报边学阅读

“妈妈很忙，你可以每天帮我剪一则美食报道吗？”再不爱

阅读的孩子，听了这段请求，也会很高兴地说好，因为是妈妈请他帮忙。有的家长会帮孩子订报纸或杂志，让孩子有属于自己的刊物。若担心订阅刊物会让孩子压力过大（每天一定要看完的压力），不妨先从家中现有的刊物做剪报。通常小朋友都很高兴能帮父母的忙，尤其是能证明能力的事，他们通常都很乐意。

找一份报纸，请孩子每天“帮”你挑文章剪下来。为了“帮”你挑文章，他至少要读标题，大概看一下内容，无形中，孩子会读到许多新知识。把夹报的广告单裁成相同大小，当成剪报单，单张阅读没负担，日后又方便分类，留个装订线，一阵子过后就能集结成册。

当然，你也可以选个主题请孩子找。例如：收集旅游、美食、科技或文化活动报道。事后别忘了称赞孩子的眼光不错，挑出好文章。奖励孩子最好的方法，不如照着剪报内容去

旅游、去吃美食，再告诉大家，这是孩子挑出来的。

这样一来，你还能说，孩子会不爱阅读？

亲子阅读时间金不换

有深度的书，绝对要大人来带领，孩子不是会认字就能自己看懂书，很多阅读技巧、历史典故，还是要靠父母来口耳相传。最近，我每个晚上念《水浒传》给女儿听。她虽然才三年级，也有不错的阅读能力，但是古典文学里的字词依然艰涩（注音版删掉太多原著趣味）。不怕，一天念两回，偶尔让她自己看一回，她读得津津有味，连我也重温一遍童年，整天都期待与孩子在书香中相会。

好书值得读给孩子听，试试看，朗读过的书会变成你与孩子的话题，更会让孩子永远爱上这本书，记得你和他相处时的甜蜜时光。

这样快乐的阅读经验、亲子时间，可是花再多钱都买不到的呢！

爸妈练习题

请孩子正视阅读的重要性，协助孩子拟定阅读书单，并且鼓励孩子完成阅读的目标。

在家中布置一处适合阅读的场所，每天安排固定的时段，享受温馨的亲子共读时光。

锦囊
20

欢迎参加作文练功团　七招养成观察力、想像力

老爸已经出了几十本书，女儿作文却写得零零落落？
这回且看我如何出招，在三十天的家庭旅游中，
将毕生绝学传授给女儿，
培养她的观察力与想像力。

教我女儿的老师总有一事百思不解：“你爸爸不是作家吗？”

女儿乖乖地点点头。

“那你的作文怎么……”后面的意思应该是：怎会如此惨不忍睹？

“你怎么回答？”女儿讲这件事时，我问她。

小妮子耸耸肩：“你本来就没教我呀。”

好吧，又怪到我身上了，为了洗刷女儿不会写作文的耻辱（这到底算是她的耻辱，还是我的？毕竟作文没写好的是她，不是我耶），今年全家出游前，我特别跟她约法三章，其中最重要的一点就是：“这回去旅行，你要带稿纸，为父的我将会把一生的绝学，在短短的三十天内，灌注到你身上。”

小妮子没有出现雀跃的表情：“你是说，我这三十天都得

写作文？”

我轻轻摸着胡茬儿，露出诸葛亮式的微笑说：“没错，没错。”

“暑假泡汤了？”女儿有点愤愤不平。

“不会呀，你的作业本来就包括写作文，我只是把它挪去旅行时写嘛！别担心，乖，快把这一刀稿纸放进行李箱。”

旅行写作文？相信你一定开始皱着眉头想：“这给孩子多大压力呀？”

没错，但如果往另一个方向想，旅行时，感官特别敏锐：特别的风景、没瞧过的稀奇玩意儿、炫奇幽怪的景点故事……不趁记忆新鲜时把它记录下来，是不是很可惜？

想像力与观察力，是我要在这三十天里教会她的事。

第一招：出游前先神游

不管本地旅游，还是出走到外地，要带孩子出门旅行，应该要花点时间做准备。我带孩子去四川顺长江东游之前，先陪她在地球仪上神游。发现原来台湾这么小，对岸那么大，我们的旅程会跨过好几个省，距离足足有两千多公里。

四川成都出过许多文学家，那儿是李白、三苏的故乡，杜甫也曾逃难到成都，还结了一座草庐。长江也是一条诗词大道，崔颢、杜牧、李白和三苏都走过，留下不少好文章。女儿也爱三国，沿路都是三国典故发生的地方，我们都会走一

遍。我找出《唐诗三百首》，先勾出几首一定要读的诗，向她解释，给她想像。我们还没真正走长江，便已经跨越古今，与今古长江接轨了。

旅游书不是爸爸的专利，地图也要孩子一起看。我们拿起粗粗的笔就在地图上圈圈写写，一生也许只去一次，值得在地图上挥霍一番。看看旅游书，写下最期盼的景点，阔气地标记在地图上。还没出发，憧憬就已经让等待变成一种幸福。

第二招：设定主题找乐子

前述文章提到过，每一次旅行，我们家都会选定一种主题。有一年是找字，出门在外，每个地方都有很特别的字可以找来玩。陕西宽带面那个字，𰻞念做“biáng”，写法还有顺口溜可以念[1]；和珅住的宅邸，地砖都暗藏好些“福”字；各地的招牌、路标和公车站牌，只要留心，处处都在考验孩子的观察力。一家子在半路上看见什么稀奇古怪的字体，比跑到罗马竞技场还兴奋。

今年的主题是找狮子。对岸的庙宇、古镇都喜欢摆对石

---

① 顺口溜如下：一点飞上天，黄河两道弯，八字大张口，言字往进走，左一扭右一扭，东一长西一长，中间加个马大王。心字底，月字旁，留个钩搭挂麻糖，推个车车逛咸阳。

狮子在门口，既威风又醒目。找到狮子，学它的模样照张相，这么简单的概念，遂成为我们千里跋涉时的最佳景点，回家后把它们挑出来，每张都有个故事可说。加洗的照片是最好的明信片，送给朋友、贴在作业簿上，连同学都觉得稀奇。

你们家最近也计划出游吗？别忘了事先做准备，找个主题大玩一场。

第三招：随时画画写写做记录

带孩子出门玩，除了拼命照相，录一大堆回来没空看的影带之外，让孩子抽空写点什么、画点什么，才是出游最好的纪念品。因为有孩子的笔迹，当时的记忆，就不像照片那么冷冰冰。

准备一本空白的笔记本，准备几支笔（彩色铅笔或粗细不一的签字笔），喝咖啡、吃午餐，只要抓到一点空档时间，就可以拿来画画写写。大人是孩子的榜样，能亲子一起动手做更好。

第四招：从导游身上挖宝

导游是你的最佳帮手。参加旅行团有导游，或遇到有解说员的地方，我们的家规就是紧跟着导游，加上导游总是走在最前方，有什么问题可以马上问。再说，有些导游很寂寞，因为很多人不爱听他讲解（尤其是大人），小朋友跟在导游身边：一、有危险第一个知道；二、有奖品常常领到；三、有问题，马上有人回答。

如果没有导游随行，父母就是最佳的解说员。你一定要事先做功课，不要进了一个景点，到了一个古迹，因为不了解，最后匆匆走过，那真是太可惜了。

孩子有问题提出来，先夸他问得好，可是别马上告诉他答案，请他自己观察四周（观察力），想想为什么（想像力），最后再印证答案，就是一个提升观察力与想像力的方法。

第五招：只要三个不贪多

博物馆是家长最常带孩子去的景点，除了便宜，另一方面是可以快速认识一个地方，馆内通常会有整个地区的简介（像是 3D 影片），也会有当地古往今来的事迹。

此外，博物馆有丰富的典藏品，数量太多的藏品想要全部看完，常会压垮孩子的耐性与兴趣。请跟湖北省博物馆学一学：在入口处取一份博物馆简介，上面一定会有该馆最优的藏品，请孩子勾选出最想看的三件宝物；如果还有时间，再选三个他想逛的特展。

重点就是，只要三个，不要贪多。

湖北省博物馆有曾侯乙编钟、郧县人头骨化石、越王勾践剑，我女儿最喜欢的却是：我看到一条汉代的牛，跟摄影机差不多大，咧着一抹诡异的微笑，脖子鼓得挺大，仿佛在练蛤蟆功，好可爱喔！不过，头大身体小，实在很奇怪。牛还拉着一辆小车，车子很小，只能容纳一个人。如果我是当时的农夫，有一只会练蛤蟆功的牛和车，感觉还不错。

因为逛的是精品，又是小朋友感兴趣的东西，孩子体力尚可，兴趣高昂，自然有较多时间去观察（牛的神情）、想像（当年的农夫怎么生活）。

假设你硬要贪多，拉着孩子一天逛遍二十万件藏品，那该是一场怎样的灾难？

第六招：放慢脚步，与感动邂逅

有时候行程实在很赶很累，还是要想办法创造出一点感动。

我记得去乐山大佛那天，因为全家人睡到自然醒，到乐山已经下午三点多了。我原先计划搭五毛钱渡轮去对岸看大佛（多节俭的爸爸）；到了乐山，却因为江水湍急渡轮停驶，怎么办？是花两百七十块人民币买门票看大佛，还是马上掉头回

成都，什么都不看？情感战胜理智，不可能下回再来乐山，我们就在午后四点钟进了乐山大佛景区。

景区很受欢迎，大佛头部有长长的铁栏杆。如果早上就到，光在这里排队走到大佛脚下，至少得花两个小时；但我们抵达时已经四点，游客全走光了。阴错阳差，一家人慢慢走，细细逛，一点也不赶，还有空让女儿去抱抱佛脚。

大佛绕一圈，回到佛头，女儿写道：我们在佛顶发现一个幽静，而且没有游客的地方——那是以前苏轼读书的东坡楼，我们找到一个凉亭，在那里休息、聊天和拍照。微风吹来，竹叶飘动，心旷神怡，等到重新恢复力气以后，这才重返车站，准备回家。

看完大佛之后，我才知道，人原来这么的渺小，而佛是那么的伟大，想跟大佛比高度的心，完全消失不见了。

其实，那一天在景区只待了两个半小时，却成了女儿念念不忘的景点。因为金色阳光太美，还是大佛太庄严？

不，我想真的只是因为不赶行程，反而造就另一种美。

旅行中，抽段时间疏离人群，静静体会当地人文历史，收获更多喔！

第七招：一天只排一种练习

每一天，我都安排一种练习给女儿玩。

写一篇美食记，要她把自己想成美食记者，用舌头去辨别不同的味道。

给她十块钱，让她自己上街买纪念品，写一篇小物品的文章。

去看了变脸、看了特技表演，当天的重点就是仔细观察别人的演出，有条有理地写出自己的观戏心得。

十五篇作文，三十天完成，没有什么特殊技法，就只是不断重复我想让她练习的能力——观察力和想像力。

观察力敏锐了，想像力才能发挥。

一篇作文就专注在一项技巧上，就像皮薄馅多的包子，一口便让读者咬到内馅，不需要太多花哨的技巧。而这样的练习，家长很容易做到，和孩子出游时，即使不写作，用说的，用讨论的，都能时时练习。

我去演讲时，很多家长常困惑地问我：“为什么我们家孩子很爱读书，作文却写不好？”

试试看，带孩子去旅行，把观察力与想像力练好，或许回来后，你会看到一点改变。

替孩子准备一些古典文学作品，改编版、白话足本、原文版、戏剧版皆可，让孩子循序渐进接触经典作品。

每晚为孩子念一回章节故事，或是播放有名家讲评的有声书，练习用听的阅读。

实际下笔前，先让孩子口述内容，运用引导、提问的方式，协助孩子完成作文的布局，修正内容不够具体、不通顺之处。

鼓励孩子时常问“为什么”，再给予适当的时间或提供相关资料，让他自行去观察，进而道出结论。

请孩子正视阅读的重要性，协助孩子拟定阅读书单，并且鼓励孩子完成阅读的目标。

在家中布置一处适合阅读的场所，每天安排固定的

爸妈练习题

出发前，和孩子一起查资料、找地图、安排路线，预先神游一番。

旅途中，随时让孩子保持好奇心，留心观察周遭人事物，再针对观察的结果，想像出对应的解释。

时段，享受温馨的亲子共读时光。

出发前，和孩子一起查资料、找地图、安排路线，预先神游一番。

旅途中，随时让孩子保持好奇心，留心观察周遭人事物，再针对观察的结果，想像出对应的解释。

附　录

王氏作文心法

在名师王文华指导下，TINA（王文华女儿）的写作渐入佳境……

文作者：TINA

大熊猫基地游记

我和爸爸、妈妈走在熊猫基地里，经过一丛丛的竹林，走过一条条的小路，空气清新凉爽，还有一层淡淡的雾气，熊猫的家就要到了。

当我走近小熊猫剧场时，一阵尖叫声传来，我快步走去看个究竟，原来有三只小熊猫，它们正趴在树上，懒洋洋地睡觉，我有点失望，怕接下来的每只熊猫都在睡觉。

幸好，到了月亮产房时，那里人山人海，每个人都拿着照相机拍照，我想这里一定有熊猫，我马上钻进人群，伸长脖子，看见熊猫妈妈带着小熊猫在吃竹子。熊猫吃竹子的方式很特别，它先把竹叶扯下来，夹在嘴巴边，等到竹叶多了，它才把叶子拿起来慢慢嚼，好像人在吃香蕉。熊猫妈妈还会跟自己的孩子抢竹叶，真是可爱。

到了小熊猫成长室，我遇见一只爱慕虚荣的熊猫。它看到观众越来越多了，就慢悠悠地过来让我们拍照，赢得很多人的掌声，简直像个大明星。大明星竟然躺下来，大摇大摆地开始大快朵颐，享受它的竹子大餐。只是它的肚子太大了，一点也不像个大明星。

这里还有一种小熊猫，它有褐色的毛、黑色的耳朵和四肢，尾巴像波斯猫，跑得很快，像狐狸一样，一点都不像是懒懒的大熊猫。在熊猫基地里，还有许多骄傲的孔雀，它们漫步在森林间，一点都不怕生，有的还会自己跑到人的面前，表演开屏呢！在森林漫步时，还会看到树枝上有巨大的鸟类栖息，妈妈猜那是食火鸡，我听不懂，还以为是死掉的火鸡，闹了一个大笑话，后来看见它飞下来，才知道那也是孔雀。

王氏作文心法

先让孩子口述一遍，要修正时，只要提醒一下即可，因为是只说不写，孩子不必重打一次草稿，自然比较愿意改。

出门玩时，带上数码相机与摄像机，孩子说不清楚，不会描写时，立刻原音原影重现，事半功倍，别忘了多加利用。

好戏登场

微微的凉风，细细的小雨，我们坐在蜀风雅韵的戏台前，喝着长嘴铜壶倒出来的茶，一种莫名的兴奋传来，因为好戏即将登场啰。

今晚的节目都让我看得目不转睛，其中让我印象最深刻的是杖头偶。它只由一个老师傅操控一个半人高的偶，老师傅靠着两根棍子，偶就可以表演出转手帕、丢手巾、插花等精细的动作，现场尖叫声连连，我也拍红了双手，老师傅实在太厉害了。

还有一项手影戏，一个年轻的小伙子，靠着一张银幕一盏灯，和自己的一双手，就可以演出许多的动物。一下子变成兔子在跳跃，一下子变成鸟儿在唱歌，一下子又变成一只猫头鹰，两颗眼睛咕噜咕噜转呀转，我好想把这些把戏都学会，就可以到学校献给大家看。我边看

王氏作文心法

一篇文章并不长，不要贪多，要求孩子一晚上只要仔细观察三件事即可。

看戏要仔细，那些繁复的动作、唱腔、情节，最好看完后立刻说一次，说的功夫做到家了，我手就能写我口，让孩子说一说，就很容易写一写了。

边学，却怎么也学不像，所以说“台上一分钟，台下十年功”，我回去一定要好好练习。

压轴好戏登场了，先是小丑出来表演滚灯，小丑把煤油灯放在头顶，不管是穿过板凳，还是跳跃和翻滚，那盏灯都没有掉下来。我看得心都快跳出来了，直到小丑自己把灯吹熄了，我才松了一口气。让我最期待的变脸和喷火也同时登场了，演员拿着一把扇子，一挥，黑色的脸马上变成红色的了，转了一圈，又变成白脸，加上熊熊的烈火，让舞台充满了热情，也让我的成都之旅，留下了美好的回忆……

都江堰

古人说“拜水都江堰，问道青城山”，都江堰是成都最重要的水利工程，所以我们特别去都江堰参观。

要游都江堰，先进离堆公园。离堆公园外头有一个喷水池，陈列着秦代李冰父子在当时的治水设施，有铁棒用来测量深淘滩时的尺；还有马叉，类似现在的水闸门；还有竹笼，装着石头。这么简单的工具，却建造出这么伟大的工程，真是让我叹为观止。

我们走到宝瓶口，它是都江堰的第三部分，它负责把干净的水送到成都平原上。李冰在这里挖了八年，当时没有火药，也没有机器，他却利用热胀冷缩的原理，开出了一个大山洞。

再往前走，就是飞沙堰，李冰在这里堆了一个小土堆，让水形成漩涡，把沙子排到外江去，让内江的水更干净。

最后来到了鱼嘴，它像一个鳄鱼的嘴巴，伸进岷江中心，把岷江分成内江和外江，内江比较低，外江比较高，俗话说“人往高处走，水往低处流”，岷江的水会乖乖地往内江流。洪水期挟带沙石的水会往外江流，枯水期时，大部分的江水就会往内江流。

都江堰从秦朝到现在，已经存在两千三百年了，没有一项设施，可以像都江堰一样存在这么多年，还有这么大的功用，因为它，成都变成天府之国，因此李冰在人们心目

王氏作文心法

去玩的时候，一定要求孩子紧跟导游、解说员的身边，那是最佳的听讲位置，千金难买。

每个景区外都有免费的导览手册，要一份，和孩子站在景区前，由左到右，或由前到后讲一次，立刻练成景点全局观照的写法。

中，比帝王更伟大，难怪人们要在都江堰旁帮他修建一座二王庙。可见，只要你肯真心为人们服务，人们也会永远记得你。

乐山大佛

大家都说乐山大佛的佛是一座山，山是一座佛，听说那尊大佛高度有七十一米，大概有二十层楼高，所以我特别想要去看看这座大佛到底有多高，我想跟他比比高度。

为了去看乐山大佛，我们坐了两个小时的车，还换了两次出租车，千里迢迢地到了乐山。去看大佛之前，我们先访凌云寺。古色古香的凌云寺里有用樟木刻的四大天王，闻起来好香，天王的脚下踩着小鬼，主持人间的正义，原来当天王是这么威风。

好不容易看到了庄严的大佛，大佛的头在半空中，我走上前，才发现我比他的耳垂还小，我吓了一大跳，差点掉到悬崖下。从大佛的头顶走到他的脚趾头，要先走下一层层的阶梯，而且阶梯的对面就是三江合流处，江水十分湍急，加上楼梯又很陡峭，让我每一步都走得心惊胆战。我小心翼翼地横着走，紧握着铁扶手，一步一步慢慢往下走，终于走到了大佛的脚下。

佛脚前有一片广场，一边是江水，一边是大佛，我看到了跟山同高的大佛，心里雀跃万分。我会这么高兴，其实还有一个原因：我之前去无锡时也看过大佛，但是乐山的大佛有一千多年的历史，光是挖凿就花了九十年，乐山大佛一千多年来，日日保佑着这片大地上的人民，与无锡的大佛相比，更显得伟大。

本来以为看完大佛就可以直接前往出口了，没想到却要从大佛脚旁另一边的山洞爬回大佛的头顶，路途同样都很陡峭，但我还是一口气爬到了山的顶端。我爬得气喘吁吁，望下去江水悠悠，好有成就感。

我们在佛顶还发现一个幽静而且没有游客的地方——那是以前苏轼读书的东坡楼。我们找到一个凉亭，在那里休息、聊天和拍照，微风吹来，竹叶飘动，心旷神怡，等到重

王氏作文心法

行程别排太满，留一点儿空档，制造一下情境，才不会匆匆地来，又匆匆地去，宁可行程少一个，为孩子增加一点感动的部分，宁可他们无聊一点，在景区坐一下，享受清风、绿荫与亲子时间。

指导孩子想想之前的行程，做两次间的比较，通过比较，他更能指出这回旅行所见所闻有什么不同，这也是一种观察。

新恢复力气以后，就重返车站，准备回家。

看完大佛之后，我才知道，人原来是这么的渺小，而佛是那么的伟大，我想跟大佛比高度的心，完全消失不见了。乐山大佛，我会再来拜访您的。

洛带小布猴

我买了一只小布猴，他是我在逛洛带古镇时买的。洛带古镇古色古香，石板街道旁有条小河流，长长的街道两边，都是古朴的商店，每间商店都有许多有趣的小玩意。爸爸答应我，我可以选一个玩具，我很期待，东张西望，想找到一些新奇的玩具。

我本来看见一个开心猪，开心猪是当你生气时，你可以用力摔他，他会变成一摊软绵绵的液体，但是他始终会变回一只猪，你可以一直摔他，一直摔他，直到你气消为止。但是我越看它，它越恶心。就在这时，我一回头，对面的商铺里，有几只毛茸茸的小猴子，尤其是一只用花布做成的小猴子，它有一双水汪汪的眼睛，似乎在求着我，把他买回家。

这只小猴子有一双长长的手，手掌上还有魔术贴，它的身体是用藏青底白色的小碎花布做的，红色的脚和手掌，头歪斜一边，尾巴也是长长的，看起来像是一只失去母爱的小猴子，惹人怜爱，使我忍不住就想买它。

小猴子乍看跟其他的玩偶都一样，其实它可以利用手上的魔术贴，绕着别人的脖子，除了母猴子背小猴子，它也能侧背变成背包，还可以像救生圈一样，绕着我的腰不放。他的手很长，所以我甚至拿他来当鼓棒，尾巴又硬又长，我就拿它来按开关，睡觉时，我抱他入睡，小布猴的好，实在是数也数不清。

洛带小布猴，你这么特别，我会好好爱你的。

王氏作文心法

出游时，给孩子零用钱，让她挑选自己想要买的纪念品，结果就出现了这篇文章。为了买个好的纪念品，她愿意仔细去比较，去挑选，这样的过程其实是很精彩的心智拔河过程，什么都想买，却只能买一样，两相权衡，必须取舍，极适合拿来练习写作文观察与自我察觉。

写作时，要求孩子明白说出自己考虑的重点。

“海盗”做的焗烤饭

为了解决晚餐，爸爸决定带我们去红崖洞吃晚餐。红崖洞是一座山，沿着山慢慢走，就可以到达一间间的餐厅，山里头小桥流水、游客如织，美得像是一幅画。

我们到了一间以“海盗”为主题的餐厅，不用进到餐厅，四周就可以见到海盗的身影，上头还有一艘海盗船，餐厅里有些阴森，怪吓人的，不过对我这个好奇宝宝来讲，具有致命的吸引力。

我点了一份蘑菇汤和一份猪排焗烤饭，蘑菇汤先送来，是用白玉色的器皿装的，隐隐约约可以看到蘑菇在乳白色的温泉里洗澡，闻起来有新鲜的蘑菇味，汤喝起来感觉有加奶油，只不过蘑菇好像太硬啦！

王氏作文心法

我家太座很喜欢她的开头，我却觉得这开头太多别人用过的词语，并不好，反而是“海盗逼我把饭吃光”，充满了童言稚趣，更为有趣。别逼孩子用太多成语，那是古人的结晶，鼓励他们说自己的话，更真更美喔！

美食当前，不必硬逼孩子说要好好咀嚼，因为回去要写出来，那会破坏了用餐气氛；但是，把点餐权利与责任交还孩子，他必须自己负责，回头问他好不好吃，和想像差多少，就是一篇美食评鉴的基础了。

猪排焗烤饭来了，番茄汁铺在米饭上，红得像鲜血，爸爸还以为那是辣椒呢！闻起来好像意大利面，吃起来怪怪的，茄汁跟饭好像是敌人，不会搭配合作，茄汁太少而饭太多，因为焗烤的关系，炸过的猪排变Q了，没想到海盗厨艺还不错。

我们这一餐都吃得很饱，很开心，因为一旁有海盗逼我们把饭吃光光。

长江

雾茫茫的早晨，我们从白帝城出发去看三峡，船上的雾笛一声声地响："呜~呜~"船轻快地前行，一旁山清水秀，冷风吹袭，我才体会到"朝辞白帝彩云间"的感受，阳光照耀江面，江水向东流，两旁高大雄伟的山峰，像个守卫，欢迎我们。

下午，我们坐在甲板上，看着阳光下的长江，鳞光闪闪，江水像一个充满活力的小孩，蹦蹦跳跳，没有阳光时，小孩就慢慢地安静下来，乖乖地不说话，等到阳光再现，活力又重现江湖。江面上有一层淡淡的雾，罩着整个长江，偶尔几艘小船慢悠悠地经过，船里的人会开心地对我们挥挥手。听着虫鸣鸟叫，微风轻轻吹拂我的脸颊，顿觉清新舒畅。

黄昏时，夕阳西下，金色的地毯铺在长江上，江水像是一个羞答答的姑娘踩在地毯上，从一座山走到另一座山。成群的车辆都急着要回家，江边人家一盏盏的灯亮了，晚风吹，让我想起《送别》这首歌："长亭外，古道边，芳草碧连天，晚风拂柳，笛声残，夕阳山外山……"

夕阳无限好，只是近黄昏，不一会儿，夕阳就转身跳入水龙宫，但是晚霞依然存留在江水之上，给我留下美好的回忆。

深夜的江面，黑蒙蒙的，偶尔几艘轮船闪着霓虹灯，山上的人家都睡着了，只剩下一盏昏暗的灯在帮他们守夜。星星都睡着了，云姐姐帮他们盖上棉被，我也要睡了，睡在床上，床在船上，船在江上，江水哗啦啦地流，今

王氏作文心法

观察一个地方的各时变化，想像这个地方人们的生活情形，遥想古人——私以为是个很不错的观察想像题材。

事前要做功课，像长江，有请孩子先背了诗，读了文章，指出三国故事的景点，因为多了人文自然观察进去，无情天地也变得美起来；同理可知，没有情感、不做功课，就算去到迪士尼，孩子也无心体会。

天晚上的长江很安静，只剩轮船向东流，晚安！

黄鹤楼

“昔人已乘黄鹤去，此地空余黄鹤楼。黄鹤一去不复返，白云千载空悠悠。晴川历历汉阳树，芳草萋萋鹦鹉洲。日暮乡关何处是，烟波江上使人愁。”崔颢是个游子，而我是个游客，他想着家乡，我想着朋友，我们都有相似之处。

这首诗，就是在描写黄鹤楼，它是由大诗人崔颢所写的诗。爸爸说过，李白在崔颢走之后，也来过黄鹤楼，但他没有题诗，他只有说：“眼前有景道不得，崔颢题诗在上头。”自叹不如崔颢呢！因为诗写得挺美，又让两位诗人争风吃醋，而且是江南三大名楼，所以我特别想去看看黄鹤楼。

黄鹤楼的屋檐，做得跟庙似的，有翘起来的屋顶，总共有五层楼。一进到黄鹤楼里面，就看到一幅费祎骑黄鹤的壁画，下面还有一群人在欢送费祎，隐隐约约还能听到“叽叽叽，叽叽叽”黄鹤在叫的声音，感觉还有羽毛掉在我头上呢。

接着，我们一口气爬到了顶楼，个个都气喘吁吁，这时，刚好是黄昏，太阳西下，从高处看下去，一览无遗，长江大桥底下一艘一艘的船经过，汽笛一声一声地响，“呜～呜～呜～”，微风轻轻吹拂我的脸，我还不知不觉睡着了，我醒来时，我们用此景当作背景，在黄鹤楼上拍了许许多多的照片，留下浪漫的回忆。

“故人西辞黄鹤楼，烟花三月下扬州。孤帆远影碧空尽，惟见长江天际流。”我再过几天就要回家了，不知道黄鹤楼会不会看着我，孤“翅”远影碧空尽，惟见“飞机”天际飞呢？

王氏作文心法

先把黄鹤楼的诗背过，包括李白的《凤凰台》、《送孟浩然之广陵》……趴在黄鹤楼，看着长江大桥，听着呜呜船笛，对照诗词，吟诵一遍，美不美？美极了，所以才会出现结尾那几句古今对照的感慨来。

这是孩子第一次用电脑直接创作，修稿时更为容易，列印前让她反复读过，自己修稿，成果还不错。

博物馆小品三篇

之一　乌龟水滴

乌龟水滴住在湖北省博物馆，它是汉代人做的，金绿色的身体，短短的四肢和尾巴，龟壳上和嘴巴前都有一个洞，嘴巴里还叼着一个小碗，看起来很笨重的样子，好可爱哟！

乌龟水滴是写书法时需要的用具，有时墨汁快干掉了，往水滴里装满水，倾斜时，水就会从嘴巴的洞里流出来；按住龟壳上的洞，水就像变魔术一样，停止了。

我为什么会喜欢这一个水滴呢？因为，我的妈妈本身是一个书法老师，我每天都看着水滴长大。如果这个乌龟不是水滴，我还挺想把它带回家养，所以我特喜欢这个艺术品。

之二　曾侯乙编钟

编钟、编钟，顾名思义就是排列在一起的钟，而这个钟曾经被埋在坟墓里，而且是一个大官的坟墓里，这个曾侯乙应该是一个音乐爱好者，要不然也不会藏一个编钟在墓里面呀！这些钟有两个人高，有三排，每个连接一排的地方都站着一个将军，身上都有佩戴一把剑，也都站在有一堆蛇缠绕的石头上，看起来威严又恐怖。

因为我本身有学音乐，所以我很想敲敲看，它的音色听起来像什么，音色是不是跟一般的钟一模一样，我好想知道喔！

之三　小牛车

牛车是乡下普遍的交通工具，而我在博物馆里也看到过这样的小玩意儿。它是用陶土做的，跟摄像机差不多大，牛咧着一抹诡异的微笑，脖子鼓得挺大，仿佛在练蛤蟆功，好可爱喔！不过头大身体小，实在很奇怪。

车子很小，只能容纳一个人和一只碎花布做的猴子。如果我是当时的农夫，有一只会练功的牛和车，感觉还不错。

王氏作文心法

一座博物馆的展品会压垮孩子的好奇心。进博物馆前，要一份馆藏精品目录，由孩子圈选他最爱的几样展品，有时间再去看别的。因为看得少，孩子自然有体力、有精力去看个仔细。

把展品看仔细，这是观察力的练习；让小朋友想像古人与展品间的生活，这是想像力的练习。

两湖竞美大赛

日月潭是我们台湾的重要景点之一，而西湖也是杭州的重要景点之一，有共同之处，也有不一样的地方，我倒想知道，如果两湖相争来比美，不知是日月潭比较美，还是西湖比较美。

日月潭它群山环绕，芳草鲜美，空气清新，交通又方便，是一个商业化的湖。有时早上起来还能看到山头有一层淡淡的雾，深绿色的潭水，像一双眼睛一样炯炯有神，看着蔚蓝的天空，似乎在想着什么。森林步道里偶尔会听到一些鸟叫声，“叽～叽～叽～”我有时也走在步道上，享受柔美的森林浴。

西湖发生了很多故事，有凄美的爱情故事，像是“白蛇传”，也有英勇的抗日故事，证明西湖是一个千年的老湖，这个老湖虽然生活在都市，到现在还是古色古香，自然环境也不输日月潭，长排的柳树，中无杂

王氏作文心法

这篇文章横跨两岸，写完时间约花半个月，即在西湖写一半，另一半回台湾游日月潭后写，时间较久，孩子重读时，心境又有不同，再次修之改之。

写作要一口咬到馅，小朋友不必用太多技巧，忠实描写、适当想像即可。

树，柳条在风中轻轻摆动，一片片的荷花在水上飘动，时常还看到一些鱼儿在蓝绿色的湖水里自由自在地游着，我一丢馒头进去，一大群的鱼都围在我身边，争着要吃我丢出去的馒头，都让我想要伸手去摸摸冰凉的湖水呢！

日月潭在我家隔壁，我常常可以去，但是，西湖要从台湾飞到遥远的杭州，我总共才去过两次。日月潭的森林、石板屋，像位开朗的原住民美少女，西湖的垂柳、凉亭，让她像个长发飘逸的古典女孩，两个湖都很美，都有自己的特色，我都喜欢。

万能的干爹

干爹其实是我的舅舅，是干爹把我指定为他的干女儿的。我的干爹肚子微凸，喜欢戴鸭舌帽，两只眼睛炯炯有神，眼睛仿佛会说话，浑身散发出成功商人的气息。

我的干爹是收集东西的达人，一开始是鳄鱼牌的衣服，现在几乎每一件衣服都是鳄鱼牌的，每回到台湾，他就去百货公司买鳄鱼牌的衣服，回来都是兴高采烈的；再来是一些丰田的休旅车，几乎每一辆车上都有电视可以看，一放假，他还会带我们开着好车，到处游玩，好像在玩一个大玩具，每次看到他，都会看到新休旅车；最后是iPhone和iPad，时常看到他玩iPhone或iPad玩得不亦乐乎。

我的干爹还是个游戏超人，小时候，表哥讨厌玩积木，结果干爹出现，做了一艘航空母舰给表哥，表哥因此爱上了玩积木。有一次，我在玩智慧球，那是一种塑胶球，里面有各式各样的关卡和一颗小铁球，如果要让小铁球往前进，必须得转动塑胶球，一不小心，小铁球就会掉下来呢！我当时不太会玩，球一直掉下来，干爹超人出现，一下子破关了，成了我心目中的偶像。

我的干爹更是个空中飞人，因为工作的关系，他在大陆工作，所以时常在台湾和大陆之间飞来飞去，就为了要看我们一面。一年，只能看到他几次，反而来大陆看他，还能看他比较久。

我觉得干爹在大陆很孤单，每次看他的背影，都是孤单一个人，没有人陪他，难怪他会想要收集这么多东

王氏作文心法

写作人物时，小朋友还抓不到人物的精神，容易掉进人云亦云的毛病，陪孩子讲讲人物，练习用几件事来述说一个人的个性。

孩子能观察人物个性时，指导他加以取舍，例如这篇文章最后只抓干爹爱收集，然后归纳出——干爹其实很寂寞。

西。我来的这几天，要好好爱他，多陪他聊聊天，说说话。

鼻孔龙来了，快逃！

在长江一带曾经有一个传说，有一只巨大的鼻孔龙，在长江一带危害百姓。为什么叫鼻孔龙呢？因为它有两个巨大的鼻孔，一个鼻孔能喷出长串的火焰，能把一个村庄烧成灰烬；另一个能喷出一串冰，会把一个人冻成冰块。它一不高兴，就会绑架小孩，把小孩吃掉，高兴时，就把村庄烧掉。鼻孔龙的洞穴，谁也不知道，有些人出发去寻找，可是就像肉包子打狗——一去不复返，听说这些人都变成了冰块，变成了恶龙的战利品呢！

有一个青年，是哈哈村里最勇敢的青年，大家都叫他阿华，他还有个青梅竹马的姑娘叫小英。阿华在族人的鼓励下，带着小英离开了村庄。

他们走着走着，遇到一位白胡子老公公。他知道他们要去哪儿，送他们两样宝贝，一样是魔毯，想要什么就能变什么，想去哪儿就去哪儿；另一样是把利剑，削铁如泥，只要一挥，再硬的东西都能砍断。

傍晚，两人坐上魔毯，“咻！”一下子就到了鼻孔龙的洞穴，还没进去就听到打呼的声音。阿华蹑手蹑脚地走到鼻孔龙旁，“咔嚓”，鼻孔龙的头就掉下来了，在地上滚了三圈，小英细心地用魔毯变出来的布包好。

突然，有一只母龙飞来，看到丈夫被杀死了，心里十分害怕，就说：“求求你们不要杀我，我愿化为一艘船，载着人们在长江游玩。”小英很可怜它，也为它求情，阿华答应了，这只母龙就真的化为一艘船，而阿华和小英就变成船上的船长和副船长了呢。

王氏作文心法

想像要合理，小朋友写故事，虽然要鼓励他们有天马行空的想像力，但是也要注意，有没有不合理的地方，例如青蛙不能在天上飞，除非你说个道理来，例如青蛙抓到一个往上飘的气球，青蛙向小鸟借了翅膀等等。

在长江待了四天，孩子有点儿腻了，恰好有艘龙舟跟了我们整整四天三夜，也许因为无聊，女儿最后就写出这篇文章。回到重点，让孩子适当无聊，就会激发出很多的创意。

图书在版编目（CIP）数据

做孩子的学习好伙伴 ：台湾名师给父母的20条教养锦囊 / 王文华著. — 杭州 ：浙江大学出版社，2015.4
ISBN 978-7-308-14042-3

Ⅰ. ①做… Ⅱ. ①王… Ⅲ. ①儿童教育—家庭教育 Ⅳ. ①G78

中国版本图书馆CIP数据核字(2014)第265564号

图字：11-2014-217号

做孩子的学习好伙伴

王文华　著

责任编辑　徐　婵
插　　图　水　脑
出　　版　浙江大学出版社
（杭州市天目山路148号　　邮政编码　310007）
（网址：http://www.zjupress.com）
排　　版　杭州林智广告有限公司
印　　刷　杭州丰源印刷有限公司
开　　本　880mm×1230mm　1/32
印　　张　6.625
字　　数　121千
版 印 次　2015年4月第1版　2015年4月第1次印刷
书　　号　ISBN 978-7-308-14042-3
定　　价　29.80元

浙江大学出版社发行部联系方式：0571-88925591；http://zjdxcbs.tmall.com